Andrea Schüller

Politik als Anti-Metaphysik

Rekonstruktion und Kritik der politischen Theorie Hannah Arendts

VERLAG KARL ALBER

Onlineversion
Nomos eLibrary

Die Deutsche Nationalbibliothek verzeichnet diese Publikation in der Deutschen Nationalbibliografie; detaillierte bibliografische Daten sind im Internet über http://dnb.d-nb.de abrufbar.

ISBN 978-3-495-99645-4 (Print)
ISBN 978-3-495-99646-1 (ePDF)

1. Auflage 2023

Besuchen Sie uns im Internet
verlag-alber.de

Vorwort

Der vorliegende Band thematisiert die Frage der Bestimmung des Politischen in Hannah Arendts eigener Theorie. Dabei steht weniger im Fokus, was das Politische ausmacht, zumindest geht es nicht in erster Linie um den Inhalt der Theorie. Nach Arendt ist Politik *nicht aus sich heraus* das plurale gemeinsame Handeln oder das gemeinsame Kümmern um menschliche Angelegenheiten in der Welt der Erscheinungen, vielmehr bestimmt sich nach ihr das Politische *als Gegensatz* zum Philosophischen. Dass Politik Anti-Metaphysik ist, ergibt sich aus der »Umkehr der metaphysischen Hierarchie« des Spätwerks in den »Primat der Erscheinung« oder des Politischen. Die Frage nach dem Inhalt der politischen Theorie Arendts muss also mit der Frage nach dem System, das dieser Theorie zugrunde liegt, beginnen, denn es ist zu vermuten, dass die Antwort auf die System-Frage Auswirkungen auf die Frage nach dem Inhalt haben wird.

Die Arendt-Forschung übergeht die System-Frage und beschäftigt sich unmittelbar mit der Frage des Inhalts. Als ich mit meiner Dissertation *Möglichkeiten und Grenzen des Gewissensbegriffs bei Hannah Arendt*[1] begann, ging ich zunächst genauso vor. Ich zweifelte nicht an der Prämisse, dass die Urteilskraft, die Arendt als das politischste der geistigen Vermögen des Menschen bezeichnet, ihren Ausgangspunkt im Gewissen eines jeden hat, wenn auch das Gewissen in der Öffentlichkeit nur eine Stimme unter vielen ist und ihm deshalb wenig Bedeutung zukommt. Arendt nennt das Gewissen jedoch »unpolitisch«, es sei nur am eigenen Selbst und in keiner Weise an der Welt interessiert. Nachdem mir der Gegensatz Selbst versus Welt und die zusätzliche Abwertung des »unpolitischen« Gewissens/Selbst – wodurch die Welt »politisch« wird und eine Aufwertung erfährt – aufgefallen und »aufgestoßen« waren, konnten die zahllosen weiteren

1 Schüller, Andrea: *Möglichkeiten und Grenzen des Gewissensbegriffs bei Hannah Arendt,* readbox unipress, Dortmund, 2021; https://ub-deposit.fernuni-hagen.de/receive/mir_mods_00001753.

Entgegensetzungen von Philosophie und Politik in ihrem Werk nicht länger ignoriert werden.

So hat die Frage nach der Bedeutung des Gewissens für Arendt zur Erkenntnis der *Bedeutung des Unpolitischen* – das ist die Philosophie – *in ihrer politischen Theorie* geführt. Das Unpolitische ist nicht gleichzusetzen mit »nicht relevant« für das Politische, sondern ist das Gegenteil des Politischen. Das Politische bestimmt sich aus seinem Gegensatz.

Im Folgenden bildet dieses unscheinbare Ergebnis – das weniger mit dem Inhalt als mit dem der Theorie zugrundeliegenden System zu tun hat – den Ausgangspunkt für die Rekonstruktion der politischen Theorie Arendts; es bildet auch die Grundlage für die These, dass der Primat der Politik aus der Umkehr der metaphysischen Hierarchie entsteht.

In der Dissertation habe ich aus verschiedenen Gründen auf die *Kant-Vorlesungen* verzichtet. Für die vorliegende Untersuchung nehme ich sie auf, da ihnen eine systemische Funktion zukommt.

Weil man ohne die Anerkennung des (systemischen) Gegensatzes von Politik und Philosophie Arendts politische Theorie (inhaltlich) nicht verstehen kann, habe ich außerdem ein Glossar angefügt, in dem dargelegt werden soll, welche Bedeutung die aufgeführten Begriffe in ihrer politischen Theorie haben. Hier wird besonders deutlich, dass sich System und Inhalt bedingen.

Inhaltsverzeichnis

Siglen- und Literaturverzeichnis Hannah Arendt

DTB	*Denktagebuch 1950 bis 1973*, Piper Verlag, München, 2016
EP	*Was ist Existenzphilosophie?* (1946) in: *Sechs Essays. Die verborgene Tradition*, Barbara Hahn (Hrsg.), Wallstein Verlag, Göttingen, 2019
EU	*Elemente und Ursprünge totaler Herrschaft*, Piper Verlag, München, 19. Auflage, 2015
FI	*Fest-Interview* (1964) in: *Eichmann war von empörender Dummheit. Gespräche und Briefe*, Piper Verlag, München, 2013
FP	*Freiheit und Politik* (1958) in: *Zwischen Vergangenheit und Zukunft. Übungen im politischen Denken I*, Piper Verlag, München, 3. Auflage, 2015
GI	*Gaus-Interview* (1964) in: *Ich will verstehen. Selbstauskünfte zu Leben und Werk*, Piper Verlag, München, 2005
L	*Gedanken zu Lessing* (1959) in: *Menschen in finsteren Zeiten*, Piper Verlag, München, 3. Auflage, 2014
LG	*Vom Leben des Geistes* (1973-1975), Bd. 1: *Das Denken*, Bd. 2: *Das Wollen*, Piper Verlag, München, 9. Auflage, 2016
LR	*Little Rock* (1959) in: *In der Gegenwart. Übungen im politischen Denken II*, Piper Verlag, München, 2012
KuP	*Kultur und Politik* (1958) in: *Zwischen Vergangenheit und Zukunft. Übungen im politischen Denken I*, Piper Verlag, München, 3. Auflage, 2015
PP	*Philosophie und Politik* in: Deutsche Zeitschrift für Philosophie, 41, 1993
PVD	*Was heißt persönliche Verantwortung in einer Diktatur?* (1964/1965), Marie Luise Knott (Hrsg.), Piper Verlag, München, 2018

SV	*Sokrates-Vorlesung* (1954) in: *Sokrates. Apologie der Pluralität*, Verlag Matthes & Seitz, Berlin, 2016
U	*Kant-Vorlesungen* (1970) in: *Das Urteilen*, Piper Verlag, München, 5. Auflage, 2020
ÜB	*Moral-Vorlesungen* (1965): *Über das Böse. Eine Vorlesung über Fragen der Ethik*, Piper Verlag, München, 2012
VA	*Vita activa oder Vom tätigen Leben* (1958), Piper Verlag, München, 10. Auflage, 2011
WP	*Was ist Politik?* (1950-1959), Piper Verlag, München, 6. Auflage, 2017
WuP	*Wahrheit und Politik* (1964) in: *Wahrheit und Lüge in der Politik*, Piper Verlag, München, 4. Auflage, 2014
ZU	*Ziviler Ungehorsam* (1970) in: *In der Gegenwart. Übungen im politischen Denken II*, Piper Verlag, München, 2012

Schriften von *Immanuel Kant* werden nach der Akademie-Ausgabe zitiert:

Kants Gesammelte Schriften, hrsg. v. d. Kgl. Preußischen [jetzt: Berlin-Brandenburgische] Akademie der Wissenschaften, Berlin 1900 ff.

Wichtige Zitate aus den Werken Hannah Arendts, in zeitlicher Reihenfolge der Entstehung sortiert

Die Zitate belegen die Entgegensetzung bzw. den Konflikt von Philosophie und Politik, Denken und Handeln, Selbst und Bürger bei gleichzeitigem Primat der Politik.

> … *der* Mensch ist a-politisch. Politik entsteht in dem *Zwischen-den-*Menschen, also durchaus *außerhalb des* Menschen. Es gibt daher keine eigentlich politische Substanz. Politik entsteht im Zwischen und etabliert sich als der Bezug.
>
> WP 11

> Das Politische bestimmt sich […] als Pluralität im Gegensatz zur Singularität …
>
> DTB 535

> Wäre Freiheit wirklich ausschließlich ein Willensphänomen, so müssten wir erklären, die Antike habe nicht gewusst, was Freiheit ist. […] [Freiheit] war der Inbegriff der Polis und des politischen Lebens, des […] (bios politikos). Unsere philosophische Tradition aber, sofern sie von Parmenides und Plato ihren Ausgang nimmt, ist ursprünglich im Gegensatz zur Polis und dem Bereich des Politischen gestiftet worden. […] Das konnte erst anders werden, als das Christentum in der Willensfreiheit eine unpolitische Freiheit entdeckte, die im Verkehr mit sich selbst erfahrbar und daher von dem Verkehr mit den Vielen unabhängig war.
>
> FP 211 f.

> … Bedingungen der Pluralität …, der Anwesenheit von Anderen, die mit-sind und mit-handeln.
>
> VA 302

> Ich gehöre nicht in den Kreis der Philosophen. Mein Beruf – wenn man davon überhaupt sprechen kann – ist politische Theorie. Ich fühle mich keineswegs als Philosophin.
>
> GI 46

... dass die Gemeinschaft unter den Menschen einen Gemeinsinn hervorbringt. Die Gültigkeit des Gemeinsinns erwächst aus dem Umgang mit Leuten – genauso wie wir sagen, dass das Denken aus dem Umgang mit mir selbst entsteht.
ÜB 143

Wenn Vernunftwahrheiten sich in das Feld der Meinungen und des Meinungsstreits begeben, werden auch sie zu bloßen Meinungen; [...] sie haben ihr Wesen geändert, und dementsprechend hat auch der, der sie vertritt, seine menschliche Existenzweise geändert.
WuP 57[2]

... die Diskussion, der Austausch und Streit der Meinungen, macht das eigentliche Wesen allen politischen Lebens aus.
WuP 61

Da philosophische Wahrheit den Menschen im Singular betrifft, ist sie ihrem Wesen nach unpolitisch.
WuP 68

... alle Aussagen, die auf Veränderung des Bestehenden abzielen, sind Formen des Handelns. [...] Während das Lügen immer primär ein Handeln ist, ist das Wahrheitsagen, gleich ob es sich um Tatsachen- oder Vernunftwahrheiten handelt, dies gerade nicht.
WuP 73

Es liegt in der Natur der Sache, dass wir uns des nichtpolitischen und potentiell antipolitischen Charakters der Wahrheit [...] nur im Falle des Konflikts bewusst werden ...
WuP 86 f.

---

2 Entsprechend heißt es in *Ziviler Ungehorsam* (295): »Zweifellos kann selbst diese Form der Verweigerung aus Gewissensgründen politische Bedeutung erlangen, und zwar dann, wenn eine Reihe von Menschen in ihrem Gewissen übereinstimmen und sich diese Verweigerer entschließen, an die Öffentlichkeit zu gehen und sich dort Gehör zu verschaffen. Dann jedoch haben wir es nicht mit Einzelpersonen oder mit einem Phänomen zu tun, das im Sinne von Thoreau oder Sokrates beurteilt werden kann. Was ›in foro conscientiae‹ beschlossen war, ist nun Teil der öffentlichen Meinung geworden, und wenn diese spezifische Gruppe, die den zivilen Ungehorsam praktiziert, sich auch auf ihre ursprüngliche Rechtfertigungsinstanz – das Gewissen – berufen mag, so verlassen sich ihre Mitglieder in Wirklichkeit nicht mehr allein auf sich selbst. Auf dem Forum der Öffentlichkeit werden die Stimmen des Gewissens und die Weisheit des Philosophen von einem ganz ähnlichen Schicksal ereilt: Aus ihnen werden Meinungen, die sich von anderen Meinungen nicht unterscheiden lassen.«

Der schweigende Dialog indiziert Pluralität, aber Vorbild [ist] der Dialog mit einem Anderen. Nur weil ich mit Anderen sprechen kann, kann ich auch mir sprechen, d. h. denken.

DTB 688

Hier, wie anderswo auch, ist das Gewissen unpolitisch. Weder ist es vorrangig an der Welt interessiert, in der Unrecht begangen wird, noch an den Folgen, welche dieses Unrecht für den künftigen Lauf der Welt hat. […] denn das Gewissen zittert um das individuelle Ich und dessen Integrität.

ZU 289

Um zusammenzufassen:
Menschengattung = Menschheit = Teil der Natur = der ›Geschichte‹, der List der Natur unterworfen = zu betrachten unter der Idee des ›Zwecks‹, der teleologischen Urteilskraft: zweiter Teil der *Kritik der Urteilskraft.*
Mensch = vernünftiges Wesen, den Gesetzen der praktischen Vernunft, die er sich selbst gibt, unterworfen, autonom, ein Zweck an sich selbst, zu einem ›Geisterreich‹, einer Sphäre der intelligiblen Wesen, gehörend: *Kritik der praktischen Vernunft* und *Kritik der reinen Vernunft*.
Menschen = Erdenbewohner, in Gemeinschaft lebend, mit Gemeinsinn, sensus communis, einem gemeinschaftlichen Sinn ausgestattet; nicht autonom, selbst zum Denken die Gemeinschaft benötigend (›Freiheit der Feder‹): erster Teil der *Kritik der Urteilskraft,* Kritik der ästhetischen Urteilskraft.

U 45

… weder kann noch möchte ich als ›Philosoph‹ gelten oder zu denen gezählt werden, die Kant nicht ohne Ironie die ›Denker von Gewerbe‹ nannte.

LG 13

In dieser Welt, in die wir aus dem Nirgends eintreten und aus der wir wieder ins Nirgends verschwinden, *ist Sein und Erscheinen dasselbe.* […] Es gibt in dieser Welt nichts und niemanden, dessen bloßes Sein nicht einen *Zuschauer* voraussetzte. Mit anderen Worten, kein Seiendes, sofern es erscheint, existiert für sich allein; jedes Seiende soll von jemandem wahrgenommen werden.

LG 29

Der Primat der Erscheinung für alle Lebewesen, denen die Welt in der Weise des Es-scheint-mir erscheint, ist von großer Bedeutung

für den Gegenstand, mit dem wir uns beschäftigen wollen – die Geistestätigkeiten, durch die wir uns von anderen Arten unterscheiden.
LG 32

Die Auffassung, der Ursache komme ein höherer Rang zu als der Wirkung (so dass diese leicht durch Zurückführung auf ihre Ursache abgetan werden kann), gehört vielleicht zu den ältesten und hartnäckigsten metaphysischen Irrtümern.
LG 35

Denken, Wollen und Urteilen sind die drei grundlegenden geistigen Tätigkeiten; sie lassen sich nicht auseinander ableiten, und obzwar sie gewisse gemeinsame Eigenschaften haben, lassen sie sich nicht auf einen gemeinsamen Nenner bringen. […] Und die Urteilskraft, jene geheimnisvolle Fähigkeit des Geistes, die das Allgemeine, das stets eine geistige Konstruktion ist, und das Besondere, das stets in der Sinneserfahrung gegeben ist, zusammenbringt, ist ein ›besonderes Talent‹ und auf keine Weise im Verstand enthalten, nicht einmal im Falle der ›bestimmenden Urteilskraft‹ – die das Besondere unter allgemeine Regeln in Form eines Syllogismus subsumiert –, weil es keine Regel für die *Anwendung* der Regel gibt. […] Die Selbständigkeit der Urteilskraft ist noch deutlicher im Falle der ›reflektierenden Urteilskraft‹, die nicht vom Allgemeinen zum Besonderen fortschreitet, sondern vom Besonderen zum Allgemeinen, indem sie ohne irgendwelche allgemeine Regeln urteilt […].
LG 75 f.

Für das Denken […] ist also der Rückzug von der Welt der Erscheinungen die einzige wesentliche Vorbedingung. […] zum Denken gehört immer das Erinnern; jedes Denken ist, genau genommen, ein Nach-Denken.
LG 84

Das Denken als solches, nicht nur das Stellen unbeantwortbarer ›letzter Fragen‹, sondern jegliches Nachdenken, das nicht der Erkenntnis und praktischen Bedürfnissen und Zielen dient, ist, wie Heidegger einmal bemerkte, *›außer der Ordnung‹*.
LG 84

Wir haben die wichtigsten Eigenschaften der Denktätigkeit betrachtet: ihren Rückzug von der Alltagswelt der Erscheinungen, ihre zerstörerische Tendenz bezüglich ihrer eigenen Ergebnisse, ihre Reflexivität und das sie begleitende Bewusstsein reiner Tätigkeit, dazu die höchst merkwürdige Tatsache, dass man von den Vermögen seines Geistes nur so lange weiß, wie die Tätigkeit dauert, und das bedeutet, dass das Denken selbst nie als eine oder gar die höchste Eigenschaft des homo sapiens zweifelsfrei festgestellt werden kann – man kann den Menschen definieren als das ›redende Lebewesen‹ in dem Aristotelischen Sinne des ›logon echôn‹ (mit Sprache begabt), aber nicht als das denkende Lebewesen, das animal rationale.

LG 94

Die Distanz für das Urteil [des Zuschauers, A. S.] ist offenbar etwas ganz anderes als die Distanz des Philosophen [beim Denken, A. S.]. Sie tritt nicht aus der Erscheinungswelt heraus, sondern tritt vom aktiven Engagement in eine Sonderposition zurück, um das Ganze zu betrachten. [...] Diese Unterscheidung zwischen Denken und Urteilen ...

LG 99 f.

Das Denken – das Zwei-in-einem des stummen Zwiegesprächs – aktualisiert den Unterschied in unserer Identität, wie er im Bewusstsein gegeben ist, und so entsteht als Nebenprodukt das Gewissen; die Urteilskraft, das Nebenprodukt der befreienden Wirkung des Denkens, realisiert das Denken, bringt es in der Erscheinungswelt zur Geltung, wo ich nie allein bin und immer viel zu beschäftigt, um denken zu können.

LG 192

Mit anderen Worten, ich bin eindeutig denen beigetreten, die jetzt schon einige Zeit versuchen, die Metaphysik und die Philosophie mit allen ihren Kategorien, wie wir sie seit ihren Anfängen in Griechenland bis auf den heutigen Tag kennen, zu demontieren. Eine solche Demontage ist nur möglich, wenn man davon ausgeht, dass der Faden der Tradition gerissen sei und wir ihn nicht erneuern können.

LG 207

Nach Lewis Thomas beseitigen sie ›den ganzen liebgewonnen Begriff des Selbst – das wundersame alte, mit freiem Willen und freier Initiative begabte, autonome, unabhängige, isolierte Eiland des Selbst‹, das ›ein Märchen‹ ist.

LG 424 f.

Die philosophische Freiheit, die Willensfreiheit, ist nur für Menschen von Bedeutung, die als einsame Individuen außerhalb politischer Gemeinschaften leben.

LG 425

Die politische Freiheit unterscheidet sich also von der philosophischen Freiheit dadurch, dass sie eindeutig eine Sache des Ich-kann und nicht des Ich-will ist. Da sie dem Bürger und nicht dem Menschen überhaupt zukommt, kann sie sich nur in Gemeinschaften zeigen, wo die vielen

Zusammenlebenden in Wort und Tat miteinander verkehren, geregelt durch viele rapports – Gesetze, Sitten, Gebräuche und Ähnliches. Mit anderen Worten, die politische Freiheit ist nur möglich in der Sphäre der menschlichen Pluralität und unter der Voraussetzung, dass diese nicht bloß eine Erweiterung des dualen Ich-und-ich zu einem pluralen Wir ist. Das Handeln, in dem stets ein Wir mit der Veränderung unserer gemeinsamen Welt beschäftigt ist, steht im schärfsten Gegensatz zu dem einsamen Geschäft des Denkens, das sich in einem Zwiegespräch des Menschen mit sich selbst vollzieht. Unter besonders günstigen Umständen, so sahen wir, kann dieses Zwiegespräch einen anderen einschließen, da ja, wie Aristoteles sagt, der Freund ›ein anderes Selbst‹ ist. Doch so kommt man nie zum Wir, der wahren Pluralität des Handelns. (Ein recht häufiger Fehler moderner Philosophen, die in der Kommunikation eine Wahrheitsgarantie sehen – vor allem Karl Jaspers und Martin Buber mit seiner Philosophie des Ich-Du –, ist die Meinung, die Innerlichkeit des Zwiegesprächs, das ›innere Handeln‹, das sich an die eigene Person ›wendet‹ oder an das ›andere Selbst‹ – Aristoteles' Freund, Jaspers' Geliebter, Bubers Du –, könne als Vorbild in der politischen Sphäre dienen.)

LG 426 f.

…in der politischen Theorie – d. h. der Theorie, die dem politischen Handeln dienen soll …

LG 442

Rekonstruktion der politischen Theorie Hannah Arendts als Anti-Metaphysik

Zurzeit ist Hannah Arendt in aller Munde, ihre Schriften sind ungemein populär. Jeder politische Denker, der etwas auf sich hält, beruft sich auf sie, und ihr Name fehlt in keinem Literaturverzeichnis. Die Einen verstehen ihre politische Theorie als Praxis*philosophie,* in der Pluralität nicht über die Aufsummierung von Einzelnen erreicht wird, sondern über das gemeinsame Handeln. Für die Anderen, die Arendts postulierten Konflikt zwischen Philosophie und Politik bemerken und berücksichtigen, geht es in ihrer politischen Theorie um das *Verhältnis zwischen* Philosophie und Politik.

Nimmt man Arendt jedoch beim Wort, wird sie von beiden missverstanden. Ihre politische Theorie kann nie Philosophie sein, also auch keine Praxisphilosophie. Praxis ist Handeln. Handeln ist politisch und Politik ist für Arendt das unvereinbare Gegenteil von Philosophie. Es kann also auch nicht um das Verhältnis von Politik und Philosophie gehen. Ein Verhältnis impliziert, dass gleichwertige Disziplinen involviert sind. Bei Arendt ist aber in der Politik entweder keine Philosophie enthalten oder Philosophie ist nachrangig und deshalb weder wirklich noch wirkmächtig. Es geht ihr in ihrer politischen Theorie nicht um die Integration von Philosophie in Politik oder um die gleichberechtigte Verschränkung von Philosophie und Politik und schon gar nicht um die Integration von Politik in Philosophie. Es geht ihr vielmehr um den Ausschluss von Philosophie aus Politik, den sie durch die Umkehr der metaphysischen Hierarchie in Politik zu erreichen versucht. An der Spitze der metaphysischen Hierarchie sieht sie das autonome Individuum, das – nach Arendt – in der Philosophie die erste Ursache für alles ist. Kehrt man die metaphysische oder philosophische Hierarchie um, tritt an die Stelle des Seins eines bestimmten Subjekts die unbestimmte Bezüglichkeit einer pluralen Tätigkeit. Geht es nach Arendt in der Philosophie um das unabhängige Sein – genauer: um das Unabhängig-Sein – des Einzelnen, geht es ihr in der Politik um das abhängige Handeln der Vielen, bei dem es auf den Einzelnen in keiner Weise ankommt. Das Wir, die Pluralität, bildet sich nicht aus Individuen; man kommt nicht vom Selbst zum Wir (LG 426 f.).

Wie kann es zu diesem Missverständnis, Politik sei bei Arendt eine wie auch immer geartete Spielart der Philosophie, kommen? Meines Erachtens dadurch, dass die Leser Arendts Texte von einem anderen Standpunkt erfassen, als Arendt sie verfasst hat. Die Leser stehen auf dem philosophischen Standpunkt. Für sie ist es selbstverständlich, dass Arendts politische Theorie zwar dem politischen Handeln dienen soll, sich aber – weil Handeln einen Vollzieher benötigt – an Individuen oder Subjekte richtet, ob in Einzahl oder Mehrzahl sei dahingestellt, die möglicherweise in einer konfliktträchtigen Beziehung stehen, die aber jeder für sich handeln können. Man nimmt außerdem an, dass sich das plurale Wir des Handelns aus Individuen zusammensetzt und dass zwischen Selbst und Wir eine Wechselwirkung besteht, auch wenn Arendt diese kritisch hinterfragt. Arendt hingegen, die selbst dann, wenn sie sich zur Philosophie äußert, auf einem politischen Standpunkt steht und eine politische Theorie zu etablieren versucht, die ohne Philosophie auskommt, bestreitet mit der Feststellung, dass man nicht vom Selbst zum Wir kommt, die als selbstverständlich angenommene Wechselwirkung. Sie behauptet den Primat des Politischen. Das bedeutet, dass bei ihr Philosophie aus Politik folgt. Schon deshalb kann es keine Wechselwirkung zwischen beiden Disziplinen geben. Philosophie, die sich mit Arendt auf das autonome und ursächliche Individuum verkürzen lässt, dient ihr lediglich als Gegenbegriff zur Politik; Philosophie hat keinen eigenen Stellenwert. Das autonome Individuum ist der Inbegriff all dessen, was nicht-politisch oder unpolitisch – und damit zu vermeiden – ist. Es geht Arendt bei ihren Überlegungen zum Politischen nicht um das Subjekt, auch nicht das kollektive.

Diese Position, die alles andere als üblich ist und die an keine mir bekannte Position anschließt, muss zunächst rekonstruiert werden. Allerdings muss sie auch kritisiert werden, weil die stark vereinfachte Formel »Politik ist umgekehrte Philosophie« zu von Arendt sicher nicht beabsichtigten Widersprüchen führt. Wenn Politik nur die Umkehr von Philosophie und nichts Eigenes ist, dann bleibt Politik letztlich Philosophie, auch wenn Arendt gerade dieses Ergebnis mit ihrer Theorie zu verhindern versucht. Zu dieser Kritik ist man aber erst nach der Rekonstruktion berechtigt, da man die Theorie nun aus ihren eigenen Prämissen heraus hinterfragen kann.

Man muss das Unpolitische betrachten, um das Politische zu verstehen

In dem bekannten Fernsehinterview mit Günter Gaus aus dem Jahr 1964 wird Arendt von Gaus als Philosophin eingeführt. Umgehend protestiert sie: Sie gehöre nicht in den Kreis der Philosophen. Ihr Beruf, sofern man überhaupt davon sprechen könne, sei die politische Theorie. Gaus bleibt dabei: er halte sie für eine Philosophin, worauf Arendt antwortet, dass sie dagegen nichts machen könne, aber ihrer Meinung nach sei sie keine Philosophin (GI 46). Bemerkenswert an dieser Stelle ist, dass sie nicht betont, als was sie sich sieht – den Beruf der politischen Theorie ausübend –, sondern als was sie sich *nicht* sieht: nämlich als Philosophin. Es kann also nicht verwundern, dass sie über ihr ganzes Werk Philosophie und Politik in einen kriegerischen Konflikt miteinander stellt, wobei von vorneherein für jedermann klar ist, dass sie selbst auf der Seite der Politik steht.

Man muss den Konflikt zwischen Philosophie und Politik bei Arendt ernst nehmen, in dem ihrer Lesart nach immer Politik – das ist Pluralität – von Philosophie – das ist Singularität – bedroht wird; Arendt versteht Philosophie als über die Vielen herrschen wollende Singularität. Folgt man ihrer Behauptung des Primats der Politik, hat das Qualitätsmerkmal »unpolitisch« – Gewissen (ZU 289), (Vernunft-)Wahrheit (WuP 68 u. 86) und Willensfreiheit (FP 212) sind »unpolitisch«[3] – nicht nur eine normative Bedeutung, sondern auch eine systemische.[4] Erst, wenn man sich zu fragen beginnt, wie wohl das *System* der politischen Theorie Arendts aussehen könnte, in dem Philosophie aus Politik folgt und ihr nicht vorausgeht, kommt man ihren ungewöhnlichen Überlegungen auf die Spur.

---

3 FP 212 nennt auch das Kriterium für das Unpolitische: Unpolitisch ist, was nur im Verkehr mit sich selbst erfahrbar und daher *vom Verkehr mit den Vielen unabhängig* ist.

4 Spreche ich im Folgenden von »systemisch«, verstehe ich darunter die verborgenen Konstruktionselemente der politischen Theorie, während ich unter »systematisch« »planvoll, konsequent« verstehe. Man könnte sagen, dass Arendts systemische Elemente vor dem Spätwerk wenig systematisch geordnet gewesen sind, was soviel heißen soll wie: Zwar hat Arendt starke Prämissen gehabt, die ihre Weltanschauung konstituiert haben, aber sie hat sie nicht systematisch genutzt, denn dazu hätte gehört, dass sie kenntlich gemacht und erläutert hätte, woher die Prämissen kommen und wozu sie dienen. Damit beginnt Arendt erst in den ersten beiden Bänden des auf drei Bänden angelegten Spätwerks.

Hannah Arendts Prämissen: Nicht das Individuum ist der Ausgangspunkt des Politischen

Man kann sich sicher darüber streiten, ob Arendt vor ihrem Spätwerk *Vom Leben des Geistes* eine eigene politische Theorie vertreten oder ob sie mit festen eigenen Prämissen, die sie allerdings nicht gesondert darlegt, das Politische, wie es sich zeigt, mal in konkreten Situationen, mal allgemein, gedeutet hat. Aber man kann nicht abstreiten, dass sie mit dem Spätwerk ihre eigene Theorie vorlegen will – »... in der politischen Theorie, d. h. der Theorie, die dem politischen Handeln dienen soll«[5] –; man kann ebenso wenig bestreiten, dass Arendt von festgeformten Prämissen ausgeht, die sie ihren Äußerungen zum Politischen zugrunde legt und die auf ein ebenso festgeformtes System schließen lassen, auch wenn sie sich gegenüber Systemdenkern immer skeptisch geäußert hat. Zwar sind diese Prämissen nirgends gesondert aufgeführt, aber sie lassen sich aus ihrem Werk extrahieren und lauten:

In der Welt gibt es nichts *Transzendentes*[6] (d. i. die Grenzen der Erfahrung Überschreitendes), kein *Transzendentales* (d. i. vor jeder subjektiven Erfahrung liegend) – genau genommen gibt es keine subjektive Erfahrung (d. i. eine Erfahrung des Selbst nur für sich), denn eine Erfahrung bedarf der erscheinenden Pluralität – und kein *Apriori*[7] (d. i. ein Vernunftsatz), denn es gilt der Primat der Erscheinung (LG 32). Wirklich ist nur, was durch sein Erscheinen erkennbar ist und durch Andere in seiner Existenz bezeugt wird.[8] Es gibt, mit anderen Worten, nichts Singuläres oder Geistiges in der pluralen Welt der Erscheinungen, denn Inneres oder Gedanken erscheinen nicht und können somit nicht gesehen und bezeugt werden.

Gedanken sind keine Ursachen und können sich in der Welt nicht manifestieren, da Arendt Sprache nicht mit Denken oder Vernunft verknüpft, sondern mit Handeln und Urteilen, Urteilen aber nicht mit Denken. Der Primat der Erscheinung ist folglich auch der Primat der

---

5 LG 442.

6 VA 33. In VA 273 wird die Erfahrung mit dem Transzendenten »nicht-weltlich, anti-politisch« genannt.

7 Apriori = Selbst: »Die Allgemeingültigkeit des Urteilens ist nicht apriori – lässt sich nicht aus dem Selbst herleiten –, sondern ist abhängig vom Gemeinsinn, d. h. der Präsenz der Anderen« (DTB 569 f.).

8 Z. B. LG 31 f., auch WP 53: »bezeugte Wirklichkeit«. Im negativen Sinn: »Inneres« ist nicht Wirklichkeit (WuP 76), weil es nicht erscheint. Auch FP 201.

Pluralität oder des Ganzen; Singularität, das Synonym für Vernunft und Denken, ist entweder aus Pluralität ausgeschlossen (das gilt für die Schriften vor dem Spätwerk) oder ist (im Spätwerk) nachrangig bzw. folgt aus Pluralität. In beiden Fällen gilt: Singularität ist in der Welt nie ursächlich.

Das singuläre Selbst – bei Arendt »der Mensch« (Einzahl) – denkt *außerhalb* der Welt der Erscheinungen, die Vielen – bei Arendt »die Menschen« (Mehrzahl) – handeln *in* der Welt der Erscheinungen. Niemand kann alleine handeln. Denken ist singulär, Handeln plural. Was wesensmäßig singulär ist, kann nicht plural werden. Allerdings kann in der Phase vor dem Spätwerk das Singuläre in die Sphäre der Pluralität wechseln. Dabei verliert es jedoch sein Wesen der Singularität, es löst sich sozusagen in der Pluralität auf. Im Spätwerk ist alles plural, auch das Selbst. Denken findet jedoch weiterhin außerhalb der Pluralität statt.

Im Spätwerk geht das Ganze seinen Teilen *voraus*. Deshalb kommt man nicht vom Selbst zum Wir, käme aber vom Wir zum Selbst. Das Denken geht dem Handeln nicht voraus, vielmehr folgt das Denken aus dem Handeln. Zwischen Selbst und Wir besteht keine Wechselwirkung, denn das Wir ist kein Subjekt, sondern die »Sphäre der menschlichen Pluralität« (LG 426), die sich nicht zwischen den Menschen, sondern beim Zusammen-Handeln zwischen ihren Angelegenheiten bildet (sie bildet sich also nicht zwischen Subjekten). Daraus folgt: Es gibt in der Welt der Erscheinungen keine menschliche Kausalität. Handeln verfolgt keinen Zweck. Genau genommen gibt es kein eigenständiges Sein, sondern nur Bezüge, die beim Zusammenhandeln entstehen.

Der Grund hierfür liegt darin, dass für Arendt der *Mensch nicht zuerst ein Vernunftwesen* ist. Vernunft ist nicht die höchste Eigenschaft der Menschen, das ist vielmehr die Urteilskraft. Wenn Arendt von Urteilskraft spricht, meint sie die ästhetische, die aus dem Gemeinsinn – und nicht aus der Vernunft – folgt; der Gemeinsinn ist ein »Welt-Sinn« und gehört zum Ganzen, das dem Selbst und dessen Vernunft *vorausgeht*. Wenn die Vernunft dem Gemeinsinn nicht entgegensteht (zwei Lebensweisen), *folgt* Vernunft aus Gemeinsinn (Spätwerk).

Schließlich: Freiheit ist nicht Autonomie. Kants Autonomie als Selbstgesetzlichkeit bedeutet bei Arendt: unabhängig von den Anderen *existieren*; sie betrifft das Sein des Selbst bzw. nach Arendts Verständnis das Nicht-Sein, denn Unabhängiges erscheint nicht.

Was erscheint, ist nicht mehr unabhängig. Das plurale Wir bildet sich *zwischen* den Vielen (es bildet sich nicht *aus* den Vielen), es zeichnet sich nicht durch bestimmtes, singuläres oder kollektives *Sein* aus, sondern durch Handeln, das zwar (zwischen)menschliche Angelegenheiten zum Inhalt hat, aber keinen Zweck verfolgt. Handeln ist ein nie endender Prozess der Veränderung der Welt; zu sagen, Handeln sei ein nie endender Prozess der Verbesserung der Welt, ginge entschieden zu weit; bestenfalls bewahrt Handeln die tatsächliche Welt, damit in ihr auch weiterhin gehandelt werden kann. Freiheit ist für Arendt deshalb nicht Willensfreiheit (Willensfreiheit ist unpolitisch, weil sie an das Selbst gebunden ist), sondern zunächst einmal Bewegungsfreiheit und im Sinne der griechischen Polis der Antike der Raum für die schiere Möglichkeit, sich um menschliche Angelegenheiten überhaupt kümmern zu können. »Der Sinn von Politik ist Freiheit.«[9] Arendts Verständnis von Freiheit kommt man wohl am nächsten, wenn man darunter Meinungsfreiheit versteht, jedoch nicht die Freiheit, eine Meinung haben zu dürfen, sondern die Freiheit, Meinungen aussprechen und veröffentlichen zu können. Der politische Raum ist intakt, in dem das möglich ist.

Zusammenfassend kann man sagen, dass allen Prämissen Arendts gerade nicht das Individuum zugrunde liegt. Das autonome Individuum ist unpolitisch. Geht man hingegen davon aus, dass es bei Arendt auf den Menschen in der Einzahl ankommt, kann man Auszüge aus *Vita activa* und den Aufsatz *Freiheit und Politik* unter dem Titel »Mensch und Politik« herausgeben und Hannah Arendt als Autorin nennen,[10] obwohl Arendt immer »den Menschen« (das Selbst oder Individuum) gegen »die Menschen« (die Bürger) setzt und es eine Verbindung vom Menschen im Singular und Politik eben gerade nach ihr nicht geben kann.[11] Nimmt man außerdem an, dass

---

9 WP 28. Mit »Sinn« meint Arendt nicht »Zweck« oder »Ziel«, sondern »Bedeutung«. Freiheit ist nicht der Zweck von Politik, sondern Politik bedeutet Freiheit. Kann man Freiheit beobachten, hat man Politik erfasst. Nach Arendt zeigt sich der Sinn eines Ereignisses am Ende; im Sinn wird das Ereignis zusammengefasst. U 88 f.: „[Der griechische Zuschauer] befasste sich in Wirklichkeit mit dem Einzelereignis, der besonderen Tat. […] Ihre Bedeutung hing *weder* von *Ursachen noch* von *Folgen* ab. Die einzelne, erzählbare Geschichte, einmal zu Ende gekommen, enthielt die ganze Bedeutung« (Hervorhebungen A. S.).

10 Arendt, Hannah: *Mensch und Politik*, Hrsg.: Thomas Meyer, Reclam-Verlag, Ditzingen, 2017.

11 Zur Abgrenzung siehe auch ÜB 102.

bei Arendt das Denken dem Handeln vorausgeht, kann man sagen, dass das Ergebnis der Arbeit des Gewissens jederzeit und überall politische Relevanz hat und ins politische Leben eingreift.[12] Arendt hingegen nennt das Gewissen *unpolitisch* (ZU 289), es hat *keine politische Bedeutung*, außer in speziellen Situationen (LG 190), erst dann ist es nichts *politisch Unerhebliches* mehr (LG 191). Sie legt also besonderen Wert darauf, dass das Denken des Menschen im Singular dem Handeln der Menschen im Plural nicht vorausgeht. Das mag einem nicht einleuchten und man kann es befremdlich finden, aber man muss zunächst einmal anerkennen, dass das eine wesentliche Prämisse ihrer politischen Theorie ist: Denken (der Mensch) und Handeln (die Menschen) gehen nie zusammen.

Die Frage, ob Arendt vom Individuum ausgeht oder nicht, ist also auch deshalb so wichtig, weil eine politische Theorie, bei der man vom Individuum bzw. Selbst zum Wir käme, anders aussehen muss als eine Theorie, in der das – wie bei Arendt – nicht möglich ist.

»Das Politische bestimmt sich […] als die Pluralität im Gegensatz zur Singularität […].«[13] Dieser »Meta-Prämisse« sind alle Prämissen Arendts untergeordnet. Politik bestimmt sich nicht aus sich heraus als Pluralität, sondern als Gegensatz zur singulären Philosophie.

Einige Bemerkungen zur Auswahl der Texte und zu den Werkphasen Arendts

Die herangezogenen Texte zur Erläuterung der politischen Theorie Arendts sind so ausgewählt, dass sie den Konflikt zwischen Politik und Philosophie oder zwischen Handeln und Denken betonen. In ihnen geht es also eher um das unpolitische Denken als um das politische Handeln.

Folglich werden nur Texte herangezogen, die auch das Unpolitische thematisieren. In groben Zügen lassen sich bei den verwendeten Texten zwei Phasen unterscheiden: Die Texte vor dem Spätwerk *Vom Leben des Geistes* und das Spätwerk selbst. Die von Arendt selbst nicht veröffentlichten *Kant-Vorlesungen* (dem Spätwerk von

[12] So Ingeborg Gleichauf in *Hannah Arendt und Karl Jaspers*, Böhlau-Verlag, Köln, 2021, S. 139.
[13] DTB 535.

dessen Herausgeberin Mary McCarthy in Auszügen beigefügt und posthum veröffentlicht im Band *Das Urteilen*) gehören noch nicht zum Spätwerk, können aber als Übergang zwischen den beiden Phasen verstanden werden.

Die Texte vor dem Spätwerk beginnen mit der *Sokrates-Vorlesung* (1954) und enden mit *Ziviler Ungehorsam* (1970). Sie zeichnen sich dadurch aus, dass Arendt in ihnen von einem Dualismus zweier Lebens- oder Existenzweisen ausgeht: Philosophie und Politik, wobei alleine der Politik Wirklichkeit zukommt. In der *Sokrates-Vorlesung* lässt Arendt das Denken oder das Gewissen noch als politische Aktivität gelten, allerdings nur für Sokrates (SV 49). In *Ziviler Ungehorsam* nennt sie das Gewissen »unpolitisch« (ZU 289) und das Selbst (der »gute Mensch«, hier Sokrates) gilt als Gegenbegriff zum »guten Bürger«. Besonders hervorzuheben sind in dieser Phase die *Moral-Vorlesungen* (1965), die auf Deutsch unter dem Titel *Über das Böse* erschienen sind.[14] Zwar setzt sich Arendt hier unter dem Eindruck des Eichmann-Prozesses mit der Frage nach dem Bösen in der Welt auseinander. Aber eigentlich kreisen ihre Überlegungen zum ersten Mal um die Frage, wie sich die geistigen Tätigkeiten, die auch hier schon – wie später in *Vom Leben des Geistes* – Denken, Wollen und Urteilen sind, in ihre politische Theorie des Handelns, die nicht auf geistigen Tätigkeiten beruht, integrieren lassen. Sie steht mit anderen Worten zum ersten Mal vor der Schwierigkeit, das singuläre Selbst oder den Menschen im Singular (ÜB 102) in Einklang mit den Menschen im Plural, die das Politische bilden, zu bringen. Noch sind die beiden Lebensweisen strikt getrennt und entgegengesetzt, wie insbesondere der Aufsatz *Wahrheit und Politik* (1967) zeigt: Wenn sich philosophische Vernunftwahrheiten auf das politische Feld der Meinungen und des Meinungsstreites begeben, werden auch sie zu Meinungen; sie ändern ihr Wesen und *der, der sie vertreten hat, ändert seine Existenzweise* (WuP 57).

In den *Kant-Vorlesungen* (1970) unterscheidet Arendt weiter strikt zwischen dem autonomen Menschen im Singular und den nicht-autonomen Menschen im Plural (U 45), was als Beleg für das Festhalten an den beiden Lebensweisen gelten kann. Es kommen aber auch Gedanken auf, die nahelegen, dass sie nun beginnt, vom

---

[14] Die Vorlesungen trugen den Titel »Some Questions of Moral Philosophy« und wurden von Arendt 1965 an der New School of Social Research in New York gehalten. Ich nehme nicht an, dass Arendt den Titel selbst gewählt hat, da es nicht zu ihr passt, sich derart ausführlich mit Unpolitischem zu befassen.

politischen Ganzen auszugehen, das seinen Teilen in mehrfacher Weise vorausgeht.

Allerdings sind erst im Spätwerk *Vom Leben des Geistes* (1973–1975) die beiden Lebensweisen – und damit der *Konflikt* – *aufgehoben.* Nun gilt der Primat des Politischen. Die zentrale systemische Aussage ist: Man kommt nicht vom Selbst zum Wir (LG 426 f.). Das bedeutet, dass das Wir oder das Ganze und auch das Handeln bzw. öffentliche Urteilen dem Selbst und auch dem Denken vorausgehen.

Der Aufsatz *Wahrheit und Politik* ist noch in einer anderen als der oben genannten Hinsicht (WuP 57) bemerkenswert, denn Arendt betont hier, dass Lügen immer primär ein Handeln (und somit politisch) und Wahrheitssagen das eben nicht ist (WuP 73). Diese erstaunliche Aussage leitet über zu *Elemente und Ursprünge totaler Herrschaft* (1951). In ihrem ersten großen Werk geht Arendt noch »philosophisch« vor; das Politische ist zwar bereits die Sphäre, auf die sie ihr Augenmerk legt, aber die politische Sphäre ist in die Philosophie eingebettet. *Elemente und Ursprünge* ist politische Philosophie – ein »Etikett«, das für keines ihrer späteren Werke gelten kann. In diesem frühen Werk ist die Lüge nicht politisch: Die fiktive Welt des Totalitarismus gehe mit der Lüge einher (z.B. EU 801), in ihr seien die Menschen unfähig, »Tatsachen zu verstehen und Wahrheit von Lüge zu unterscheiden«[15]. Und auch das Personsein des Selbst versteht Arendt noch als Eigenschaft *im Menschen* (EU 928) wie *des Menschen* (EU 930). In späteren Schriften wird aus dem Selbst der »Philosoph« und alles Innere wird zum Merkmal der unpolitischen Philosophie. Dass im Wesentlichen in *Elemente und Ursprünge* noch alles am gewohnten Platz ist, macht den Text zur Demonstration ihrer politischen Theorie – in der entweder die Philosophie das negative Gegenteil der Politik ist oder die Politik als das Ganze der Philosophie (prägend) vorausgeht – unbrauchbar.

Der richtige Umgang mit Arendts Texten wird durch den Bedeutungsbruch, den das Spätwerk darstellt, deutlich erschwert. *Vom Leben des Geistes* ist einerseits eine konsequente Fortführung der Vorgängerwerke, wie es andererseits etwas Neues ist. Bezüglich der Absicht, die politische Sphäre als die einzig relevante Sphäre zu etablieren, gelingt dem Spätwerk mit dem Primat des Politischen die Vollendung. Der Konflikt der beiden Lebensweisen ist aufgehoben.

---

[15] EU 807.

Weil nun alles politisch ist, benötigen allerdings die ehemals philosophischen Begriffe wie Vernunft, Denken und Selbst/Individuum erstens eine Umdeutung ins Politische und müssen zweitens in eine funktionierende Beziehung zu den immer schon politischen Begriffen gebracht werden; das hat auch Konsequenzen für die politischen Begriffe, sie müssen Bedeutung abgeben. Weil der dritte Band über das Urteilen fehlt, ist es (mir) unmöglich, diese Analyse im Sinne Arendts durchzuführen. Und so kommt es unvermeidlich zu Schwierigkeiten wie beispielsweise dem Dilemma, dass die Urteilskraft neben Denken und Wollen ein eigenes geistiges Vermögen ist (LG 75 f.), außerdem Denken und Urteilen unterschieden werden müssen (LG 100), dann aber das geistige Vermögen des Denkens zwei Nebenprodukte hat, von denen das eine die Urteilskraft ist (LG 192). Problematisch ist auch die Bedeutung der Vernunft im Spätwerk. Vor dem Spätwerk ist sie das Synonym für das Denken und auch für die philosophische *Wahrheit*, während der Gemeinsinn für den politischen *Sinn* zuständig ist. Wenn nun im Spätwerk die Vernunft nicht mehr die Wahrheit, sondern den Sinn sucht (LG 25), ist sie dann noch länger das Synonym für das Denken? Weil Arendt mit Rückgriff auf Kant das Denken als ein Bedürfnis der Vernunft bezeichnet (LG 75), bin ich davon ausgegangen, dass Denken und Vernunft im Spätwerk weiterhin Synonyme sind, auch wenn das mit dem »Sinn« nicht vereinbar ist, denn der Sinn wird von den Zuschauern in der Mehrzahl gefunden und nicht vom Denker in der Einzahl (LG 99).

Ich habe versucht, bei der Klärung einer konkreten Fragestellung nicht willkürlich zwischen den Texten vor dem Spätwerk und dem Spätwerk hin und her zu springen. Das Spätwerk muss immer gesondert betrachtet werden, weil es dort zu den genannten Umdeutungen kommt. Auch bei den Texten vor dem Spätwerk habe ich den beliebigen Wechsel zwischen den Texten zu vermeiden versucht, indem ich die Texte nacheinander in der Reihenfolge ihrer Entstehung zu Rate gezogen habe. Lediglich im Glossar bin ich an manchen Stellen von dieser Regel abgewichen.[16]

---

[16] Im Folgenden werden Arendts Aussagen zu ihrer eigenen politischen Theorie in direkter Rede wiedergegeben, auch wenn ich sie nicht wörtlich zitiere. Die Aussagen werden mit Quellenangaben in Klammern belegt.

Ein weiteres Wort zu den von Arendt zitierten Denkern

Arendt beruft sich immer wieder auf Philosophen, von der griechischen Antike bis ins 20. Jahrhundert. In den hier herangezogenen Texten sind das neben Martin Heidegger und Platon insbesondere Sokrates und Kant. Heidegger steht zunächst für das philosophische Selbst, das sich über das politische »man« erhebt.[17] Erst im Spätwerk macht Arendt Heidegger »politisch« (Kapitel 15 des zweiten Bands »Das Wollen«). Platon und sein Höhlengleichnis dienen ihr immer als Beleg dafür, dass Philosophie den Drang hat, das Politische beherrschen zu wollen. Arendts zentrale Kritik an Platon kann mit ihren eigenen Worten wie folgt verdeutlicht werden:

> »Tatsächlich fehlen [im Höhlengleichnis, A. S.] die beiden politisch bedeutsamsten Wörter zur Bezeichnung menschlicher Aktivität, Reden und Handeln (*lexis* und *praxis*), ganz. Die einzige Beschäftigung der Höhlenbewohner besteht darin, auf die Wand zu schauen; sie lieben es offensichtlich, etwas ganz abgesehen von allen praktischen Bedürfnissen zu betrachten [...]. Mit anderen Worten: Die Höhlenbewohner werden zwar als gewöhnliche Menschen beschrieben, aber darin gleichen sie den Philosophen. Platon schildert sie entsprechend als potentielle Philosophen, die sich in Dunkel und Unwissenheit ganz und gar mit dem Einen beschäftigen, auf welches sich auch der Philosoph (in der Helle und im vollständigen Wissen) konzentriert. Das Höhlengleichnis zeigt insofern nicht so sehr die Philosophie vom Standpunkt der Politik aus, sondern eher, wie die Politik, der Bereich der menschlichen Angelegenheiten, von der Philosophie aus betrachtet, wirkt. Und der Zweck ist es, im Reich der Philosophie die Maßstäbe zu finden, welche einem Staat von Höhlenbewohnern angemessen sind, die sich aber auch – wie dunkel und unwissend auch immer – Meinungen über dieselben Dinge gebildet haben wie der Philosoph.«[18]

Die Höhlenbewohner – das politische »man«, die Vielen, später das Wir, in jedem Fall: Pluralität als schiere Vielheit – »reden« und »handeln«, sie vollziehen »menschliche Aktivitäten«. Das reicht dem

---

17 Im Aufsatz *Was ist Existenzphilosophie?* (1946) spricht Arendt im Zusammenhang mit Heideggers Selbst davon, dass der Charakter des Selbst seine »absolute Selbstischkeit« ist, seine radikale Abtrennung von allen, die seinesgleichen sind (EP 57). Sie spricht auch von den isolierten Selbsten und den nur sich selbst wollenden Selbsten (EP 38).

18 SV 73 f.

Philosophen nicht, er will mehr, nämlich wissen. Wissen erwirbt er über Denken. Dafür muss er sich von den Vielen zurückziehen (die Höhle verlassen). Das ist die erste philosophische Anmaßung. Die zweite ist das herablassende Schauen des Philosophen auf die unwissenden Vielen. Die dritte besteht in der Annahme, nur in der Philosophie ließen sich die Maßstäbe für das Politische finden. Daraus folgt, an dieser Stelle nicht ausdrücklich genannt, viertens der Herrschaftsanspruch der wenigen Philosophen über die Vielen. Liest man bei Arendt den Namen Platon, kann man davon ausgehen, dass sie die Philosophie betrachtet, die sich über die Politik erheben will.

Sokrates kann als Ausnahme gelten. Zwar ist auch er ein Philosoph, aber Arendt gesteht ihm in der gleichnamigen Vorlesung (1954) zu, dass das Gewissen bzw. das Denken eine »politische Aktivität« (SV 49) ist, die zwar nicht auf das Handeln zielt, wohl aber darauf, jeden einzelnen Bürger wahrhaftiger zu machen, was der Stadt zugutekommt. Allerdings sieht Arendt es mit einer gewissen Skepsis, dass Sokrates geglaubt hat, die politische Funktion des Philosophen besteht darin, bei der Herstellung einer gemeinsamen Welt zu helfen, die auf einer Art Freundschaft errichtet ist, bei der keine Herrschaft notwendig wird (SV 54). In *Ziviler Ungehorsam* (1970) hat das Sokratische Gewissen keinerlei politische Daseinsberechtigung mehr. Ganz im Gegenteil: Das Gewissen ist unpolitisch und zittert um das eigene Ich und dessen Integrität (ZU 289). Dafür gilt Sokrates als Beweis, wenn Arendt ihn auch als »guten Menschen« bezeichnet, aber eben nicht als »guten Bürger«. In *Vom Leben des Geistes* (1973–1975) schließlich hält sie Sokrates wieder zugute, dass das von ihm propagierte Denken und Untersuchen der Stadt zuteil kommen soll; es hat ihn gekümmert, wozu das Denken nützlich ist (LG 173). Das ändert aber nichts daran, dass Sokrates über das ganze Werk hinweg als Synonym für das Denken des Selbst oder das Gewissen gilt, das maximal in »Selbstzufriedenheit« münden kann (LG 190), jedoch keine politische Bedeutung hat und wenn doch, dann nur in politischen Notlagen (LG 191).

Um Kants Bedeutung für Arendt zu verstehen, muss man sich erneut vor Augen halten, welchen Standpunkt sie mit ihrer politischen Theorie einnimmt: Ihr Standpunkt ist immer das Politische und der ist nie das autonome Individuum und auch nicht das Selbst, sondern das Wir oder die Vielen und weder das Wir noch die Vielen setzen sich aus identifizierbaren Individuen oder »Selbsten« zusammen. Darin unterscheidet sie sich von Kant und zumindest von den von ihr selbst zitierten Denkern, meines Erachtens aber auch von allen anderen Denkern, deren Theorien ebenso dem Wir des Handelns dienen mögen, in denen man aber vom Selbst zum Wir käme. Arendts Standpunkt ist das unbestimmte und unbestimmbare Wir, das sich nicht aus bestimmten und bestimmbaren Individuen zusammensetzt. Dass man nicht vom Selbst zum Wir kommt (LG 426 f.), ist in Arendts Spätwerk die vielleicht wichtigste Aussage, ohne die man weder ihre Theorie verstehen noch berücksichtigen kann, dass sie sich damit von *jeder anderen* Theorie fundamental unterscheidet. In jeder anderen Theorie käme man deshalb vom Selbst zum Wir, weil der Mensch als Vernunftwesen betrachtet wird und es lediglich strittig sein kann, welche Bedeutung der einzelne Mensch im Wir haben kann oder soll. Bei Arendt ist das Denken bzw. die Vernunft jedoch nicht das höchste menschliche Vermögen, sondern die Sprache (LG 94), die Arendt an das Handeln (Verstand oder das Politische) und nicht an das Denken (Vernunft oder das Philosophische) bindet.

In Bezug auf Kant führt das dazu, dass Arendt ihm zwei sich grundsätzlich widersprechende Philosophien zuordnet: auf der einen Seite seine Moralphilosophie, zu der sie den kategorischen Imperativ zählt, der aber in ihren Augen kein Urteil ist, und auf der anderen Seite Kants politische Philosophie, die er ihrer Meinung nach in seiner *Kritik der Urteilskraft* dargelegt hat. Ihrer eigenen Prämisse folgend, nach der Moral nur den Menschen im Singular bzw. das autonome Individuum betrifft, während Politik die Menschen im Plural (die nicht etwa die Summe der Menschen im Singular sind) zum Gegenstand hat, ist sie davon überzeugt, dass Kants Moralphilosophie bzw. seine praktische Philosophie und seine von ihr sogenannte politische Philosophie nicht »Bausteine« desselben Systems sein können. Kants Moralphilosophie ist deshalb nicht politisch, weil ihrer Meinung nach auch bei Kant die Vernunft von den Vielen losgelöst ist. Im Umkehrschluss ist Kants Geschmacksurteil deshalb für Arendt politisch, weil es ihrer Auffassung nach von der Präsenz der Vielen abhängig ist. Aus ihrer Sicht betrachtet Kants Moralphilosophie den Menschen im Singular und gilt auch nur für ihn als Menschen im Singular. Das Geschmacksurteil hingegen *ist* geradezu die Präsenz der Vielen. Arendt geht davon aus, dass auch für Kant der Mensch im Singular (das autonome, mit Vernunft begabte Individuum) und die Menschen im Plural (in Gemeinschaft lebend und mit Gemeinsinn ausgestattet) nicht nur zwei entgegengesetzte Lebensweisen, sondern auch gegensätzliche Prinzipien sind (U 45).

Es ist außerdem zu beachten, dass Arendt, auch wenn sie andere Denker ausführlich wiedergibt, deren Gedanken nicht teilen muss. In der *Lessing-Rede* (1959) beispielsweise geht es u. a. um den Zusammenhang von Denken und Handeln und um den Vollzieher des Denkens und des Handelns. Arendt betont, dass das »Lessingsche Selbstdenken« keineswegs eine Tätigkeit ist, die aus einem »geschlossenen« Individuum aufsteigt, das in der Welt den günstigsten Platz für seine Entfaltung sucht, um sich so über den Umweg des Denkens in Harmonie mit der Welt zu bringen. Im »Lessingsche Denken« (nun lässt sie das »Selbst« weg) gibt sich kein Selbst kund, sondern der Mensch, der nach Lessing zum Handeln und nicht zum Vernünfteln geschaffen ist, entschließt sich zu ihm, weil er im Denken auch eine Art und Weise entdeckt, sich in Freiheit in der Welt zu bewegen (L 17 f.). Vom *Rückzug aus dem Handeln ins Denken* als einer *Flucht aus der Welt ins eigene Selbst* ist allerdings bei Lessing keine Rede, führt Arendt aus und fügt hinzu:

> »Lessing zog sich auf das Denken zurück, aber ganz und gar nicht auf sein Selbst, und wenn es für ihn eine geheime Verbundenheit zwischen Handeln und Denken gegeben hat (was ich in der Tat glaube, aber nicht belegen kann), so lag sie darin, dass beide, Handeln wie Denken, in der Form einer Bewegung vor sich gehen, dass also die Freiheit, die beiden zugrunde liegt, die Bewegungsfreiheit ist.«[19]

Auch wenn Arendt Lessing in ihrer Rede durchweg positiv darstellt, heißt das nicht, dass sie seine Annahmen ebenso durchweg teilt. Die Annahme, dass Denken und Handeln verbunden sind, teilt sie nicht, sondern ist darüber verwundert, dass Lessing sie haben kann, während der Leser über Arendt verwundert ist, weil er den Zusammenhang für selbstverständlich hält.

Ein weiteres Beispiel findet sich in ihrem Aufsatz *Philosophie und Politik*. Dort heißt es:

> »Für Sokrates, der fest davon überzeugt war, dass man unmöglich mit einem Mörder oder in einer Welt potentieller Mörder leben kann, steht derjenige, der behauptet, dass ein Mensch zugleich glücklich und ein Mörder sein kann, wenn nur niemand davon weiß, in einer zweifachen Nicht-Übereinstimmung mit sich selber: Er macht eine sich selbst widersprechende Erklärung und zeigt sich willig, mit jemandem zusammenzuleben, mit dem er nicht übereinstimmen kann. Diese

[19] L 18 f.

> zweifache Nicht-Übereinstimmung, der logische Widerspruch und das ethisch schlechte Gewissen, war für Sokrates noch ein und dasselbe Phänomen. Das ist der Grund, warum er dachte, dass Tugend gelehrt werden könnte, oder, um es auf eine weniger banale Art zu sagen, dass es das Bewusstsein ist, *dass der Mensch ein denkendes und handelndes Wesen in einem ist,* nämlich jemand, *dessen Gedanken unabänderlich und unausweichlich seine Handlungen begleiten,* was Menschen und Bürger verbessert. Die dieser Lehre zugrunde liegende Voraussetzung ist das Denken und nicht das Handeln, weil ich nur im Denken den Dialog des Zwei-in-einem, der ich bin, führe.«[20]

Wenn Arendt vom *Menschen als denkendem und handelndem Wesen in einem* spricht, *dessen Denken sein Handeln begleitet,* dann gibt sie Sokrates' Auffassung wieder, nicht ihre eigene. Für Arendt ist es nicht selbstverständlich, sondern unmöglich, dass der Mensch *zugleich* ein denkendes und ein handelndes Wesen ist. Auch gehören Handeln und Denken nicht zusammen, schon gar nicht geht Denken Handeln voraus. Vor dem Spätwerk ist der Mensch *entweder* ein denkendes *oder* ein handelndes Wesen (z. B. WuP 67), im Spätwerk geht das handelnde Wir dem Selbst als denkendes Ich voraus.

Wenn also Arendt positiv über andere Denker referiert, ist immer Vorsicht geboten, denn in dem einen Punkt – man kommt nicht vom Selbst zum Wir – unterscheidet sie sich von allen Denkern, auf die sie selbst zurückgreift.

Muss man deshalb Arendt immer Wort für Wort wiedergeben, womöglich auch dann, wenn sie einen anderen Denker erkennbar einseitig heranzieht? Warum es manchmal sehr schwierig ist, auseinander zu halten, ob Arendt gerade eine andere Position wiedergibt oder ob sie sich nicht eher der anderen Autorität bedient, um ihre eigene Sichtweise darzulegen, möchte ich an folgendem Beispiel darlegen: Im Kapitel »Denken und Handeln: der Zuschauer« des ersten Bandes des Spätwerks erläutert Arendt, dass der Rückzug des Zuschauers vom Schauspiel die Vorbedingung für das Urteilen ist (LG 97). Aber die Distanz für das Urteil des Zuschauers ist etwas ganz anderes als die Distanz des Philosophen zum Denken, denn sie tritt nicht aus der Erscheinungswelt heraus, sondern vom aktiven Engagement in eine Sonderposition zurück, um das Ganze zu betrachten (LG 99). Bis hierhin hat sie über drei Seiten unstrittig ihre eigene Theorie dargelegt. Nun aber taucht Kant wie selbstverständlich in ihrer Argumentation

20 PP 391, Hervorhebungen A. S.

auf: »Daher ist das Urteil des Zuschauers zwar unparteiisch und frei vom Interesse an Gewinn und Ruhm,« – da sie nur wenige Sätze zuvor von der »doxa« gesprochen hat, bezieht sich »Gewinn und Ruhm« wohl auf die griechische Antike – »aber es ist nicht unabhängig von den Ansichten anderer – im Gegenteil, diese muss nach Kant eine ›umfassende Denkungsart‹ berücksichtigen. Die Zuschauer sind zwar von der Partikularität des Akteurs distanziert, aber sie sind nicht allein.«[21] Und weiter: »Diese Unterscheidung zwischen Denken und Urteilen trat erst mit Kants politischer Philosophie hervor ...«[22] Es geht Arendt immer noch um den Zuschauerstandpunkt, über den sie Denken von Urteilen unterscheidet: Der springende Punkt ist nämlich, dass der Zuschauerstandpunkt nicht durch die kategorischen Imperative der praktischen Vernunft bestimmt wird, so Arendt. Kategorische Imperative sind die Antwort der Vernunft auf die Frage: »Was soll ich tun?«. Diese Antwort ist eine moralische und betrifft den *Einzelnen in der vollen Autonomie seiner Vernunft.* Am Ende zählt aber das *Urteil der Zuschauer* und nicht die Handlungen der Beteiligten. »Bei diesem Zwiespalt zwischen der gemeinsamen Aktion, ohne die ja die zu beurteilenden Ereignisse nie zustande gekommen wären, und dem reflektierenden, beobachtenden Urteil gibt es *für Kant* keinen Zweifel, was maßgeblich sei.«[23] Es ist ihr in der ganzen Passage um den Unterschied von Denken und Urteilen gegangen, der sich ihrer Meinung nach über den Rückzugsort erklären lässt: Für das Vernunfturteil des Denkens muss man alleine sein und sich aus der Welt zurückziehen; das öffentliche Urteilen kann hingegen nur zusammen mit den Anderen vollzogen werden, allerdings muss sich dafür der Zuschauer innerhalb der Welt vom Schauspiel zurückziehen. Diese Argumentation gilt aber nicht für Kant. Für ihn ist Denken Urteilen,[24] deshalb ist es für ihn auch ein und derselbe Mensch, der denkt und urteilt. Dieser Mensch kann sowohl ein moralisches Urteil (das für Kant ein praktisches Urteil ist, aber kein »unpolitisches«) wie ein Geschmacksurteil fällen, wenn er sich auch beim ersten der Vernunft und beim zweiten der Urteilskraft bedient. Das Urteilen mündet außerdem in einer *Bestimmung,* die beim kategorischen Imperativ

---

[21] LG 99.

[22] LG 100.

[23] LG 100, Hervorhebung A. S.

[24] »Die Vereinigung der Vorstellung in einem Bewusstsein ist das Urteil. Also ist Denken so viel, als Urteilen« (Immanuel Kant: *Prolegomena zu einer jeden künftigen Metaphysik, die als Wissenschaft wird auftreten können,* § 22, A 88).

ein notwendiges Urteil ist und beim Geschmacksurteil Zustimmung verlangen kann; Urteilen ist kein prinzipien- und ergebnisloser Prozess wie bei Arendt. Weil also Arendt in dieser Passage letztlich ihre Argumentation darlegt, halte ich es für vertretbar, in der Wiedergabe auf Kant zu verzichten.

Vor dem Spätwerk: Zwei Existenzformen bzw. Lebensweisen

Unter systemischen Gesichtspunkten lassen sich Arendts Texte vor dem Spätwerk mit dem Begriff des Dualismus auf den Punkt bringen, der die beiden gegensätzlichen Begriffe Philosophie und Politik umfasst. Es sind aber nicht zwei entgegengesetzte Grundprinzipien des metaphysischen *Seins*. Vielmehr verbindet Arendt nur mit der Philosophie das Prinzip des metaphysischen Seins, das jedoch nicht wirklich ist, mit der Politik hingegen Wirklichkeit, die sie als (gegebene) Tatsächlichkeit versteht. Deshalb ist das politische Prinzip nicht das des Seins eines Subjekts, sondern das des subjektlosen Handelns oder der reinen Bezüglichkeit. Dennoch sieht Arendt Philosophie und Politik in einer Rivalität, die sich nicht zuletzt im Konflikt zwischen Philosophie und Politik manifestiert.

Ausgangspunkt: Der Konflikt zwischen Philosophie und Politik

Der gegnerische Dualismus von Philosophie und Politik durchzieht Arendts ganzes Werk, erst in *Vom Leben des Geistes* hebt sie ihn auf, indem sie den Primat des Politischen[25] erklärt. Zuvor stehen Philosophie und Politik in einem an vielen Stellen genannten Konflikt zweier unvereinbarer Lebensweisen.

In *Was ist Politik?*[26] erläutert sie den Hintergrund des Konflikts zwischen Philosophie und Politik, wie sie ihn sieht: Politik ist zunächst einmal nichts Innermenschliches (und damit Philosophi-

25 Arendt erklärt den Primat der Erscheinung für alle Lebewesen (LG 32). Die »Welt der Erscheinungen« ist die »Sphäre der menschlichen Pluralität« (LG 426). Also ist Erscheinung gleichbedeutend mit Pluralität und Pluralität ist Politik.

26 Unvollendetes Buchprojekt Arendts zum Verständnis des Politischen von 1950 bis 1959, auf Deutsch 2003 von Ursula Ludz herausgegeben.

sches). Es gibt *im* Menschen nichts Politisches, das zu seiner Essenz gehört; *der* Mensch ist a-politisch. Politik entsteht in dem »*Zwischen-den*-Menschen«, also durchaus *außerhalb des Menschen.* Daher gibt es keine eigentlich politische Substanz (und somit auch kein Subjekt). Politik entsteht im Zwischen und etabliert sich als Bezug (WP 11). In der Philosophie hingegen gibt es nur *einen* Menschen: Die Vielheit der Menschen wird in *ein* Menschenindividuum zusammengeschmolzen (WP 12). Parmenides hat zwischen einem Weg der Wahrheit, der überhaupt nur dem *Einzelnen qua Einzelnen* offensteht, und den Wegen des Truges, auf denen sich alle bewegen, die in welcher Form auch immer miteinander auf dem Weg sind, unterschieden. Platon ist ihm auf diesem Weg gewissermaßen gefolgt, denn »der Vater der politischen Philosophie des Abendlandes« hat auf mancherlei Weise versucht, sich der Polis und dem, was sie unter Freiheit verstanden hat, entgegenzustellen, u. a. durch die Gründung der Akademie *außerhalb* des Stadtbezirks als neuem Freiheitsraum *abseits* des öffentlichen Freiheitsbereichs in der Polis (WP 54 f.). Um als solcher bestehen zu können, haben die Philosophen verlangen müssen, von den Tätigkeiten der Polis und der Agora in der gleichen Weise entbunden zu sein wie die Bürger Athens, die von allen Tätigkeiten entbunden gewesen sind, die dem Broterwerb gedient haben. Wie die Befreiung von Arbeit und Sorge um das Leben die notwendige Voraussetzung für die Freiheit des Politischen gewesen ist, ist also die Befreiung von Politik zur notwendigen Voraussetzung für die Freiheit des Akademischen geworden (WP 55). In der Gestalt des Philosophenkönigs hat Platon die Befreiung durch Herrschaft vorgeschlagen – die Befreiung der Wenigen für die Freiheit des Philosophierens durch die *Herrschaft über die Vielen* (WP 56 f.). Damit hat es Politik aber nicht mehr mit Freiheit zu tun und ist im griechischen Sinn nicht eigentlich politisch. Vielmehr wird das Politische zu einem Notwendigen, das einerseits im Gegensatz zur Freiheit steht und andererseits doch ihre Voraussetzung bildet (WP 58 f.).[27] Das Kriterium für das Handeln innerhalb des politischen Bereichs ist nun nicht mehr Freiheit, sondern die Kompetenz und Leistungsfähigkeit, das Leben zu sichern. Darin sieht Arendt eine *Degradierung der Politik durch die Philosophie* (WP 59).

[27] Bei Arendt selbst ist Politik nie Notwendigkeit. Politik ist reine Möglichkeit und »rein« meint: wie sich die Möglichkeit realisiert, ist vom Zufall abhängig (WuP 63). Letztlich ist die Welt gegeben, nicht jedoch verursacht, denn dann wäre sie notwendig.

Diese Degradierung der Politik durch die Philosophie oder der Pluralität durch die Singularität ist die Quintessenz des Konflikts, der im Folgenden beispielhaft erläutert werden soll. Dabei ist zu beachten, dass Arendt bei jeder einzelnen Variante den Konflikt so schildert, dass die Philosophie schlussendlich derart eingeschränkt wird, dass sie im Politischen keinen Schaden anrichten kann.

Der Konflikt zwischen zwei »Subjekten« in der Welt der Erscheinungen: philosophisches Selbst versus politische Bürger

Im möglichen Konflikt zwischen dem guten Menschen und dem guten Bürger, zwischen dem individuellen Ich und dem Mitglied des Gemeinwesens oder zwischen Moral und Politik (ZU 290) sind der Bürger, der sich um das öffentliche Wohl kümmert, und das Selbst, das sein privates Glück verfolgt, im Widerstreit (ZU 306). In diesem Konflikt hat nicht der gute Bürger ein Gewissen, sondern der gute Mensch: Das Gewissen ist unpolitisch, es ist nicht an der Welt interessiert, sondern zittert um das individuelle Ich und dessen Integrität (ZU 289). Die Stimme des Gewissens ist außerdem äußerst subjektiv (ZU 291). Der springende Punkt aller Gewissensvorschriften ist das *Interesse am eigenen Selbst* (ZU 292). »Der gute Mensch«, »individuelles Ich« und »(eigenes) Selbst« werden synonym gebraucht und bezeichnen ein moralisches Subjekt (im Gegensatz zum politischen »Subjekt«[28] des guten Bürgers oder Mitglieds des Gemeinwesens).

Zweifellos kann selbst das Gewissen des Einzelnen bei der Frage des zivilen Ungehorsams politische Bedeutung erlangen. Arendt räumt das zunächst ein, um diese Möglichkeit sofort zu entkräften: Wenn eine Reihe von Menschen in ihrem Gewissen übereinstimmen und sich diese Verweigerer entschließen, an die Öffentlichkeit zu gehen, sind es nicht mehr Einzelpersonen und es handelt sich nicht länger um ein Phänomen des Gewissens.

> »Was ›in foro conscientiae‹[29] beschlossen worden war, ist nun Teil der öffentlichen Meinung geworden, und wenn diese spezifische Gruppe, die den zivilen Ungehorsam praktiziert, sich auch auf ihre ursprüngli-

---

28 Im Politischen geht es nicht um identifizierbare Subjekte, sondern um nicht identifizierbare Bezüge, deshalb muss hier das Subjekt in Anführungszeichen gesetzt werden.

29 »… ›in foro conscientiae‹ [im Zustandsbereich des Gewissens] …« (ZU 287).

> che Rechtfertigungsinstanz – das Gewissen – berufen mag, so verlassen sich ihre Mitglieder in Wirklichkeit nicht mehr auf sich selbst. Auf dem Forum der Öffentlichkeit werden die Stimmen des Gewissens und die Weisheit der Philosophen von einem ganz ähnlichen Schicksal ereilt: Aus ihnen werden Meinungen, die sich von anderen Meinungen nicht unterscheiden lassen. Und die Macht einer Meinung ist nicht vom Gewissen, sondern von der Zahl derer abhängig, die sie teilen: ›Die einstimmige Übereinkunft, dass »X« ein Übel sei ... macht die Annahme glaubwürdiger, dass »X« ein Übel *ist*‹.«[30]

Wie in *Wahrheit und Politik* (57) ändert sich die Existenzweise der Gewissensentscheidung beim Übertritt ins Politische, die Gewissensentscheidung wird zur Meinung, deren »Erfolg« davon abhängt, wie viele Andere sie teilen. Aber anders als in *Wahrheit und Politik*, wo aus den Philosophen beim Übertritt Politiker geworden sind, scheinen in *Ziviler Ungehorsam* die guten Menschen nicht zu guten Bürgern zu werden, denn »gute Menschen« treffen moralische Gewissensentscheidungen, denen deshalb kein politisches Gewicht beigemessen werden kann, weil gute Menschen *erst in Notsituationen erkennbar* werden, »in denen sie plötzlich wie aus dem Nichts in allen Gesellschaftsschichten auftauchen. Der gute Bürger muß dagegen [zu jeder Zeit, A. S.] auffällig in Erscheinung treten [...]«[31].

Moral (der gute Mensch) und Politik (der gute Bürger) sind folglich zwei Maßstäbe, und Moral bedeutet hier: in der Welt (nur) Umgang mit sich selbst zu haben.

Der Konflikt zwischen philosophischer Wahrheit und öffentlicher Meinung

In der *Sokrates-Vorlesung* erwächst der Konflikt zwischen Philosophie und Politik aus dem unversöhnlichen Gegensatz von Wahrheit und Meinung (SV 39). Der Abgrund zwischen Philosophie und Politik eröffnete sich historisch mit dem Prozess und der Verurteilung des Sokrates, so Arendt. »Unsere Tradition des politischen Denkens

---

30 ZU 295.

31 ZU 293. Wenn aber das, was die Mehrheit tut, »richtig« ist, wie kann es dann politische Notsituationen geben? Siehe auch weiter unten: »Grenzen der ›Umkehr der metaphysischen Hierarchie‹ in Politik: Wie kann es politische Ausnahmesituationen in einer gegebenen Welt überhaupt geben?«.

begann, als Platon angesichts von Sokrates' Tod am Leben in der Polis verzweifelte und gleichzeitig an einigen Grundsätzen des sokratischen Denkens irre wurde.«[32]

Der Philosoph, hier: Platon, nimmt etwas Übermenschliches, Göttliches wahr. Weil er aber immer ein Mensch bleibt, ist der Konflikt zwischen der Philosophie und den profanen (politischen) Angelegenheiten letztlich ein Konflikt in ihm selbst. Diesen Konflikt hat Platon verallgemeinert (SV 68). Er hat die Tyrannei der ewigen Wahrheit entworfen, in der nicht *das zeitlich Gute* regieren soll, zu dem sich die Menschen überreden lassen, sondern *das Ewige,* zu dem sich die Menschen nicht überreden lassen (SV 44). Der Philosoph findet sich in einem doppelten Konflikt mit der Polis: Das philosophische Staunen beruht auf einer *Sprachlosigkeit,* mit der sich der Philosoph selbst außerhalb des politischen Bereichs gestellt hat, in dem *die höchste Fähigkeit des Menschen die Rede* ist; »logon echôn« ist der Umstand, der den Menschen zu einem »zoon politikon«, einem politischen Wesen, macht.[33] Der philosophische Schock des Staunens erfasst außerdem den Menschen in seiner Singularität, das heißt: weder in seiner Gleichheit mit allen Anderen noch in seiner absoluten Verschiedenheit von ihnen (SV 79).

Allerdings betrachtet Arendt Sokrates nicht als Philosophen im Sinne Platons, denn für Sokrates besteht die Rolle des Philosophen, anders als für Platon, nicht darin, den Staat zu regieren, sondern dessen Bürger permanent zu irritieren; auch hat er keine philosophischen Wahrheiten zu verkünden, sondern muss die Bürger wahrhaftig machen. Der Unterschied zu Platon ist entscheidend. Sokrates will nicht so sehr die Bürger erziehen als ihre Meinungen, die das politische Leben bilden, verbessern. Für Sokrates ist die Maieutik – die Hebammenkunst: er will Anderen helfen, zum Vorschein zu bringen, was sie *denken* (SV 48) – eine *politische Aktivität,* ein Austausch (prinzipiell auf der Grundlage strikter Egalität), deren Früchte nicht danach beurteilt werden können, dass man bei dem Ergebnis dieser

32 SV 36.

33 Dass es die Rede bzw. Sprache ist, die das höchste Vermögen des Menschen bzw. ein höheres Vermögen als Denken bzw. Vernunft ist, wiederholt Arendt noch im Spätwerk (LG 94). Sprache bzw. Rede betrifft Verstand bzw. Gemeinsinn (LG 123), nicht jedoch Denken und Vernunft, denn gedacht werden kann nur außerhalb der Welt. In ÜB 155 heißt es außerdem: »Vorrang von ›dialegesthai‹ vor ›dianoeisthai‹«, also hat das Durchsprechen einer Sache *Vorrang* vor dem Durchdenken einer Sache. Man kann auch sagen: Sprechen ist primär, Denken nachrangig. Ähnlich DTB 688.

oder jener Wahrheit ankommen muss. Es gehört insofern immer noch zur Sokratischen Tradition, dass Platons frühe Dialoge häufig *unschlüssig* enden, *ohne Ergebnis.*[34] Etwas durchgesprochen zu haben, das scheint Ergebnis genug (SV 49 f.). Und dennoch wird niemand bezweifeln, so Arendt, dass eine solche Lehre zu einem Konflikt mit dem Staat führen muss, denn der Staat muss Achtung vor seinen Gesetzen einfordern, eine Achtung, die unabhängig von *persönlichen Gewissensentscheidungen* ist (SV 63). Indem Arendt fortfährt, dass sich Sokrates der Natur des Konflikts bewusst gewesen ist, als er sich als die Bremse, das den Athenern lästige Insekt, bezeichnet hat (ebd.), macht sie indirekt deutlich, worin für sie der Sokratische Konflikt mit der Polis bestanden hat: in der Anmaßung, als Einzelmensch das Gewissen (die Bremse) der Vielen zu sein.

Der Konflikt zwischen Wahrheit und Meinung ist auch das Thema von *Wahrheit und Politik.* Arendt betrachtet ihn auch als *Streit zwischen Wahrheit und Politik* (WuP 46), der ursprünglich mit *zwei einander entgegengesetzten Lebensweisen* zusammengefallen ist, nämlich der Lebensweise des Philosophen und der Lebensweise des Staatsbürgers (WuP 50). Während im Bereich menschlicher Angelegenheiten, der sich im »Zustand der Veränderung« befindet, die Meinungen der Menschen einem ständigen Wechsel unterworfen sind, befasst sich der Philosoph mit der Wahrheit über göttliche Dinge, die ihrer Natur nach von »immerwährender Dauer« sind. Der Philosoph befasst sich nicht nur mit der beständigen Wahrheit, sondern er etabliert sie außerdem als Gegensatz zur bloßen Illusion der Meinung. In dieser *Entwertung der Meinung* liegt die politische Schärfe des Konflikts. Daraus folgert Arendt einen ursprünglichen *Antagonismus zwischen Wahrheit und Meinung* (WuP 50 f.). Vom Standpunkt der Politik aus ist Wahrheit despotisch (WuP 61).

Die beiden Konfliktparteien unterscheiden sich durch ihre Stellung zur Welt der Erscheinungen oder zur Öffentlichkeit: die Philosophie ist außerhalb der Welt, folglich nicht-öffentlich, die Politik hingegen ist die öffentliche Welt, die allein wirklich ist: Wechseln philosophische Begriffe oder Tätigkeiten in das Politische, verändern sie ihre Existenzform. Sie werden politisch – und mit ihnen diejeni-

[34] Auch für Arendt ist das Politische ohne Ergebnis, es ist ein nicht endender Prozess. Das gilt ebenso für das politische Urteil(en), das nicht in einer wahren Konklusion mündet.

gen, die die Tätigkeiten ausführen oder die Begriffe vertreten (WuP 57). Weil Arendt ausgehend vom Politischen denkt, betrachtet sie ausschließlich den Übertritt des Philosophischen ins Politische, denn ihrem Verständnis nach bezeugt erst die Öffentlichkeit die Existenz von etwas. Also muss nach Arendt die nicht-öffentliche Philosophie auf das Gebiet der Öffentlichkeit wechseln, wenn sie wirksam werden will. Allerdings verliert sie augenblicklich eben diese willentliche Wirksamkeit – weil es im Politischen keine Wirkursache gibt – und die philosophische Wahrheit wird zu einer Meinung unter Meinungen.

Im Konflikt zwischen Wahrheit und Politik steckt aber noch mehr, denn er wird abgelöst vom Streit zwischen Vernunftwahrheit und Tatsachenwahrheit (WuP 54): Die Vernunftwahrheit erscheint dem menschlichen Verstand als notwendig. Dies ist bei den Tatsachenwahrheiten gerade nicht der Fall, denn alles, was sich im zwischenmenschlichen Bereich, mithin im politischen Bereich, abspielt, kann auch anders sein, weil alles, was in diesem Bereich geschieht, vom Zufall abhängt (WuP 63). Den Tatsachen ist ein Es-hätte-auch-anders-kommen-Können inhärent. Führt man Notwendigkeit in den Bereich menschlicher Angelegenheiten ein, liquidiert man menschliche Freiheit, die ohne das Es-hätte-auch-anders-kommen-Können undenkbar ist (WuP 64).

Der (politische) Bereich menschlicher Angelegenheiten befindet sich in stetem Fluss der Veränderung (WuP 50). Deshalb ist das Wahrheitssagen kein Handeln, während das Lügen immer ein Handeln ist, da alle Aussagen, die auf Veränderung des Bestehenden abzielen, Formen des Handelns sind (WuP 73). Nicht unser Vermögen, die Wahrheit zu sagen, sondern unsere Fähigkeit zu lügen, ist der Beweis dafür, dass es Freiheit wirklich gibt (WuP 74). Arendt will das Lügen nicht etwa salonfähig machen – sie warnt vor der Selbsttäuschung als der gefährlichsten Form des Lügens sowohl für die Welt als auch für den Lügner (WuP 78) –, bleibt aber bei der Affinität zwischen Lügen und Handeln als der Fähigkeit, die Welt zu ändern (WuP 84) und betont nochmals den nichtpolitischen und potentiell antipolitischen Charakter der Wahrheit (WuP 86). Der Konflikt zwischen Wahrheit und Meinung, in dem die (kontingente) Meinung vor der (notwendigen) Wahrheit geschützt werden muss, bleibt also bestehen.

Zwei sich gegenseitig ausschließende Lebensweisen

Im Konflikt stehen immer gemeinsames Handeln (Politik) gegen alleiniges Denken (Moral).[35] In der Philosophie *denkt* das Selbst als autonomes Individuum, das unabhängig von den Anderen existiert. In der Politik *handeln* die voneinander nicht unabhängig existierenden Vielen oder Bürger zusammen. Denken (Subjekt) bedarf der Einsamkeit oder des Alleinseins, Handeln (Prozess oder Bezüge) bedarf der Anderen. Niemand kann in der »Sphäre des gemeinsamen Handelns« (PVD 50) alleine handeln.

Das Selbst verfügt über *Vernunft,* Vernunft ist dasselbe wie Denken oder Gewissen und somit ein Selbst-Sinn. Die Vernunft des Selbst ist *bestimmende Urteilskraft,* sie hat ihre Prinzipien in sich selbst. Allerdings gilt die »gesetzgebende Vernunft« nur für das Selbst. Die Vielen hingegen, die sich nicht aus »Selbsten« zusammensetzen, verfügen über *Gemeinsinn und reflektierende Urteilskraft;* die Bedingung der Möglichkeit der Urteilskraft ist der Gemeinsinn, d. h. die Präsenz der Anderen. Der Gemeinsinn ist ein Welt-Sinn (DTB 569 f.). Die Urteilskraft[36] verlangt die Präsenz der Vielen, ihre Kriterien sind darüber hinaus Mitteilbarkeit und Unparteilichkeit. Urteilen ist *Beurteilen*: etwas gefällt oder missfällt.

Das Selbst verfügt über innere Willensfreiheit, die in der Welt ohne jede Bedeutung ist, weil sie sich in der Welt nicht manifestieren kann. In der politischen Sphäre bedeutet äußere Freiheit Bewegungsfreiheit; man kann hingehen, wohin man will (WP 52, L 18, auch LG 258). Wenn Willensfreiheit bloß innere Freiheit ist, die sich in der Welt nicht manifestieren kann, dann ist das Denken des Selbst keine Ursache in der Welt. Handeln ist somit unverursacht und ein zufälliges, gegebenes Geschehen.

Der Ort der Philosophie ist außerhalb der politischen Sphäre oder der Erfahrungen; Denken kann man nur außerhalb der Sphäre des Handelns. Der Ort der Politik ist die Welt, in der man sich

---

[35] Politisches Denken kommt bei Arendt sehr selten vor, es hat vor allem in *Vita activa* keinen Platz. Im Aufsatz *Wahrheit und Politik* nennt Arendt folgende Beispiele: »Politisches Denken ist repräsentativ in dem Sinne, dass das Denken anderer immer mit präsent ist« (WuP 61). »Politisches Denken und Urteilen bewegt sich zwischen der Gefahr, Tatsächliches für notwendig und daher für unabänderlich zu halten, und der anderen, es zu leugnen und zu versuchen, es aus der Welt zu lügen« (WuP 85).

[36] Wenn Arendt von der Urteilskraft spricht, meint sie die »politische«, das ist die »reflektierende«.

gemeinsam um zwischenmenschliche Angelegenheiten kümmert. Was das politische Leben eigentlich ausmacht, zählt Arendt wie folgt auf: die hohe Freude, die dem schieren Zusammenkommen mit seinesgleichen innewohnt; die Befriedigung des Zusammenhandelns und die Genugtuung, öffentlich in Erscheinung zu treten; die für alle menschliche Existenz so entscheidende Möglichkeit, sich sprechend und handelnd (nicht jedoch denkend!) in die Welt einzuschalten und einen neuen Anfang zu stiften (WuP 92). Im *Fest-Interview* heißt Handeln auch »Zusammen-Handeln«: »wir beratschlagen zusammen, wir kommen zu bestimmten Entschlüssen, wir übernehmen Verantwortung, wir denken nach über das, was wir tun …«.[37]

In den *Moral-Vorlesungen* stellt Arendt fest, dass die Tätigkeit des Denkens in der *Existenzweise* der Einsamkeit stattfindet (ÜB 81). Einsamkeit, der Rückzug aus den öffentlichen Angelegenheiten, gilt als Philosophie und Philosophie als eine Lebensweise der aufgezwungenen Muße (ÜB 84). Sokrates hat die philosophische Lebensweise verteidigt, denn auf das Angebot seiner Mitbürger, die Anklage gegen ihn fallen zu lassen, wenn er die Philosophie aufgeben würde, würde Sokrates immer wie überliefert antworten: »Ich hege in höchstem Maße Respekt und Zuneigung für euch, aber … solange ich atme und Kraft habe, werde ich die *Philosophie* nicht aufgeben … [und] *meine Lebensweise* nicht ändern.«[38].

Wenn bislang nur von der Philosophie sozusagen als atypischer Lebensweise die Rede gewesen ist, ändert sich das, wie bereits erwähnt, im Aufsatz *Wahrheit und Politik*, denn hier spricht Arendt von zwei *einander entgegengesetzten* Lebensweisen, der Lebensweise des Philosophen und der Lebensweise des Staatsbürgers (WuP 50). Allerdings betrachtet Arendt die beiden Lebensweisen nicht als gleichwertig, denn bloß der Eintritt des Philosophen ins Politische ändert dessen Existenzweise (WuP 57).

In *Ziviler Ungehorsam* schildert sie zwar eine ähnliche Begebenheit, aber nun sind die Lebensweisen nicht entgegengesetzt: Auf dem Forum der Öffentlichkeit werden aus den Stimmen des Gewissens und der Weisheit des Philosophen Meinungen, die sich von anderen Meinungen nicht unterscheiden lassen (ZU 295). Im Gegensatz zum früheren Text *Wahrheit und Politik* fällt hier der Wechsel der Exis-

---

37 FI 39.

38 ÜB 94, Hervorhebungen A. S.

tenzweise dessen, der die Stimme des Gewissens oder die Weisheit (=Wahrheit) des Philosophen äußert, weg.

Daraus kann aber wohl nicht geschlossen werden, dass Arendt die zwei einander entgegengesetzten Lebensweisen aufhebt, denn in den *Kant-Vorlesungen*, die aus dem gleichen Jahr (1970) wie *Ziviler Ungehorsam* sind, spricht sie von den zwei Lebensweisen, der politischen (aktiven) und der philosophischen (kontemplativen), die sich (weiterhin) gegenseitig ausschließen (U 94).[39]

Und selbst im Spätwerk, in dem die Politik der Philosophie vorausgeht, erwähnt sie noch den entscheidenden Unterschied zwischen Handeln und Denken, zwischen der politischen und der philosophischen Lebensweise (LG 195).

Die beiden »moralischen« Fähigkeiten des Bürgers: Versprechen geben/halten und Verzeihen

Die Begriffe »moralisch« (Philosophie, der Mensch im Singular) und »Bürger« (Politik, die Menschen im Plural) sind bei Arendt unvereinbar. Mit zwei Ausnahmen: Die moralischen Vermögen des Verzeihens und des Gebens und Haltens von Versprechen sind für die Welt von großer Bedeutung, es kann sie aber nur der einzelne Bürger vollziehen.

In *Vita activa* (300 ff.) legt Arendt dar, dass die Fähigkeiten zu verzeihen und zu versprechen in dem Vermögen des Handelns verwurzelt sind; sie sind die Modi, durch die der Handelnde von einer Vergangenheit, die ihn auf immer festlegen will, befreit wird und sich einer Zukunft, deren Unabsehbarkeit ihn bedroht, halbwegs versichern kann. Als solche sind diese Fähigkeiten geeignet, in der Politik bestimmte Prinzipien zu konstituieren, die sich von den »moralischen« Maßstäben, die die Philosophie seit Platon der Politik vorzuschreiben versucht, grundsätzlich unterscheiden lassen. Diese moralischen Maßstäbe werden wie alle *Maßstäbe von außen an den Bereich des Politischen angelegt*. Das Außen, dem sie entnommen sind, ist seit Platon der Bereich des Innerseelischen bzw. des *Umgangs mit sich selbst*, der seinerseits durch Selbstbeherrschung charakterisiert ist;

---

[39] Indirekt wiederholt sie die beiden Lebensweisen auch in U 45: »der Mensch« – »die Menschen«.

wer sich nicht selbst beherrschen kann, darf von Anderen beherrscht werden, deren Herrschaftslegitimation darin liegt, dass sie im Umgang mit sich selbst Herrschaft und Gehorsam bereits etabliert haben. Die Realitätsblindheit dieser Utopie liegt nicht nur darin, *dass hier aus den Vielen Einer konstituiert wird* – dies ist das eigentlich tyrannisch-gewalttätige Element der Platonischen Politik –, sondern vor allem darin, *dass das Maßgebende selbst einer Erfahrung aus dem Umgang mit sich selbst, und nicht mit Anderen, entstammt.* Dagegen beruhen die leitenden Prinzipien, die sich aus dem Doppelvermögen, zu verzeihen und zu versprechen, ableiten lassen, auf Erfahrungen, die im Rahmen des Umgangs mit sich selbst überhaupt nicht auftauchen, in ihm gar nicht vorkommen (VA 302 f.). »Beide [moralischen, A. S.] Fähigkeiten«, so Arendt, »können sich somit überhaupt nur unter der Bedingung der Pluralität betätigen, der *Anwesenheit von Anderen, die mit-sind und mit-handeln.* Denn niemand kann sich selbst verzeihen und niemand kann sich durch ein Versprechen gebunden fühlen, das er nur sich selbst gegeben hat.«[40] Verzeihen, also das *Rückgängigmachen eines Gehandelten,* weist den gleichen die Person enthüllenden und Bezug stiftenden Charakter auf wie das Handeln selbst (VA 308). Auch das Vergeben und die Beziehung, die der Akt des Verzeihens etabliert, sind stets persönlicher Art, was keineswegs heißt, dass sie notwendigerweise individueller oder privater Natur sind. Vielmehr ist ausschlaggebend, dass zwar eine Schuld verziehen wird, diese Schuld aber nicht im Mittelpunkt der Handlung (des Verzeihens) steht. Im Mittelpunkt steht der Schuldige, um dessen willen der Verzeihende vergibt. Das Vergeben bezieht sich nur auf die Person und niemals auf die Sache. Denn wenn ein Unrecht verziehen wird, so wird demjenigen verziehen, der es begangen hat, was nicht das Geringste daran ändert, dass das Unrecht unrecht gewesen ist (VA 308).[41]

In *Ziviler Ungehorsam* kommt Arendt auf die politische Implikation der moralischen Fähigkeiten zurück; hier ist es allerdings nur die Fähigkeit, Versprechen zu geben und zu halten: Der moralische Gehalt aller Übereinkünfte und Verträge besteht in der Verpflichtung,

---

40 VA 302, Hervorhebung A. S. Es betätigen sich nicht Subjekte, sondern Fähigkeiten.

41 Wieso dann aber das Verzeihen, wie kurz zuvor behauptet, das Rückgängigmachen eines Gehandelten sein soll, erschließt sich nicht. Verzeihen macht Gehandeltes nicht rückgängig, sondern entlastet den Täter von Schuld. Eben dies scheint das eigentliche Anliegen Arendts zu sein. Wenn der Täter durch das Verzeihen von Schuld entlastet ist, wer ist dann für die weiterhin böse Tat verantwortlich?

einen Konsens einzuhalten. Diese Verpflichtung liegt am Grunde jedes Versprechens. Jeder Zusammenschluss von Menschen, sei er sozialer oder politischer Art, verlässt sich letzten Endes auf die menschliche Fähigkeit, Versprechen abzugeben und Versprechen einzuhalten. Die *einzige im strengen Sinne moralisch zu nennende Pflicht des Staatsbürgers* besteht in dieser zwiefältigen Bereitschaft, mit der er im Hinblick auf sein künftiges Verhalten eine feste Zusicherung abgibt und diese einhält. Diese Bereitschaft ist gewissermaßen die *vorpolitische* Voraussetzung für alle anderen, spezifisch politischen Tugenden. Die einzige Verpflichtung, die man *als Bürger* einzugehen berechtigt ist, besteht darin, Versprechen zu geben und zu halten (ZU 313).

Schuld und Verantwortung sind hingegen »persönlich«

In *Was heißt persönliche Verantwortung in einer Diktatur?*[42] stellt Arendt fest, dass erstens persönliche Verantwortung von politischer zu unterscheiden ist, politische Verantwortung betrifft die Regierung einer Nation (PVD 22 f.); zweitens gibt es so etwas wie kollektive Schuld oder Unschuld nicht, der Schuldbegriff hat nur Sinn, wo er auf Individuen angewendet wird (PVD 24), die identifizierbar und nicht austauschbar sind (PVD 27). Sie unterscheidet zudem zwischen juristischen und moralischen Fragen (PVD 15) und juristischer und moralischer Verantwortung (PVD 31) oder juristischer und persönlicher Verantwortung (PVD 32). Hier bedeutet »politisch« also in erster Linie »juristisch«, während »moralisch« den Einzelnen meint, der ein Bürger ist; »moralisch« ist mit »persönlich« identisch.

In den *Moral-Vorlesungen* schließlich unterscheidet Arendt explizit zwischen den moralischen Menschen in ihrer Singularität, deren nicht-politisches Handeln sich nicht in der Öffentlichkeit vollzieht, und den politischen Menschen, den Bürgern, die sich politischen Themen widmen (ÜB 102). Hier kann »moralisch« nicht »persönlich« heißen, wenn wir annehmen, dass Arendt mit »persönlich« den einzelnen Bürger meint, denn vom politisch handelnden Bürger will sie den Menschen im Singular in den *Moral-Vorlesungen* absetzen.

---

[42] Undatierter Vortrag aus dem Jahr 1964/1965, zu Lebzeiten Arendts nicht veröffentlicht.

Mal meint »moralisch« den Menschen im Singular, der in der philosophischen Sphäre lebt; mal meint »moralisch« aber auch den Nicht-Handelnden in der politischen Sphäre. »Persönlich« meint hingegen immer den Bürger in der politischen Sphäre. Es hat den Anschein, als ginge Arendt selbst nicht immer von zwei entgegengesetzten Lebensweisen aus. Das macht das Verständnis der Texte vor dem Spätwerk zuweilen schwierig.

Zusammenfassung »vor dem Spätwerk«

Die Texte vor dem Spätwerk sind durch den Konflikt zwischen Philosophie und Politik geprägt, der sich in den entgegengesetzten Lebensweisen manifestiert. Das Prinzip der philosophischen Sphäre ist Singularität, das Prinzip der politischen Sphäre ist Pluralität. Die philosophische Lebensweise zeichnet sich dadurch aus, dass das Selbst bloß Umgang mit sich selbst hat, im Alleinsein denkt und sich selbst zum Maßstab nimmt, während in der politischen Sphäre die Vielen Umgang miteinander haben, gemeinsam handeln und die Welt zum Maßstab nehmen. Zum Denken muss man alleine sein, Handeln kann man nie alleine. Wirklichkeit hat aber nur die politische Sphäre, in der die Menschen erscheinen müssen. In der philosophischen Sphäre ist die Vernunft ein Selbst-Sinn, in der politischen Sphäre der Gemeinsinn ein Welt-Sinn.

Kant-Vorlesungen: Der Übergang von entgegengesetzten Lebensweisen zum Primat des Politischen

Die Phase vor dem Spätwerk, in der Singularität und Pluralität *entgegengesetzt* sind, geht nicht einfach so über in die Phase des Spätwerks, in der Pluralität Singularität *vorausgeht.* Arendts *Kant-Vorlesungen,* die sie im Herbst 1970 hielt, stellen einen Übergang zwischen den beiden Phasen dar. Es ist allerdings zu beachten, dass die *Kant-Vorlesungen* zwar in Auszügen von Mary McCarthy dem ersten Band des Spätwerks angehängt und unter dem Titel »Das Urteilen« als dritter Band des Spätwerks veröffentlicht wurden, von Arendt jedoch nie zur Veröffentlichung vorgesehen waren (LG 470).

Das Geschmacksurteil als politisches Urteil

In den Vorlesungen befasst sich Arendt mit Kants dritter Kritik und hierbei explizit mit dem Geschmacksurteil, das sie auch die reflektierende Urteilskraft nennt. Kants Vorstellung von der Praxis ist – anders als »unsere« – bestimmt von der praktischen Vernunft: Seine *Kritik der praktischen Vernunft* befasst sich weder mit dem Urteil noch mit dem Handeln, so Arendt. Das Urteil, das aus »kontemplativer Lust« und »untätigem Wohlgefallen« entsteht, hat dort keinen Platz.[43] In praktischen Angelegenheiten ist (bei Kant) der Wille, nicht das Urteil, entscheidend, und dieser Wille folgt einfach der Maxime der Vernunft. Praktisch heißt bei Kant moralisch und betrifft das Individuum qua Individuum. Da Kant seine politische Philosophie nicht niedergeschrieben hat, wendet man sich am besten seiner »Kritik der ästhetischen Urteilskraft« zu, um herauszufinden, was er zu diesem Thema gedacht hat (U 95 ff.).

43 »Kant glaubt nicht, dass moralische Urteile das Ergebnis von Reflexion und Einbildungskraft sind, d. h., sie sind, strenggenommen, keine Urteile« (U 112 f.).

Das grundlegende Missverständnis Arendts ist ihre Annahme, nicht nur sie, sondern vor allem Kant gehe davon aus, dass das Individuum nicht Mitglied des Praktisch-Politischen sein könne. In diesem Sinne wiederholt sie ihre Prämisse der entgegengesetzten Lebensweisen, indem sie *Kant* die Unterscheidung zwischen *dem Menschen,* der unabhängig von den Anderen und also *autonom* ist, und *den Menschen,* die in Gemeinschaft leben und deshalb *nicht autonom* sind, zuschreibt (U 45). Bei Kant ist es ein und dasselbe autonome Individuum, das Mitglied der politischen Gemeinschaft und ebenso der Menschengattung ist, bei Arendt ist das autonome Individuum nie Mitglied der politischen Gemeinschaft.

Vor allem aber besteht eine große Differenz bei der Vorstellung davon, was ein Urteil ist. Kant unterscheidet zwischen reinen (= nicht empirischen) theoretischen Urteilen (*Kritik der reinen Vernunft,* Naturbegriffe), praktischen Urteilen (*Kritik der praktischen Vernunft,* Freiheitsbegriff) und der Urteilskraft (*Kritik der Urteilskraft*), die sich in bestimmende und reflektierende Urteilskraft aufsplittet.[44] Praktische Urteile sind der Bestimmungsgrund von Maximen. Theoretische Urteile sind der Erkenntnisgrund von Gegenständen. Da Kant annimmt, dass die Natur nicht chaotisch, sondern geordnet ist – sie hat als Ganzes einen Zweck –, geht es bei der Urteilskraft um die Zweckmäßigkeit eines Naturgegenstandes.[45] Das Geschmacksurteil, das Arendt als sein politisches Urteil versteht, ist für Kant ein Urteil über Naturgegenstände, das man mit reflektierender Urteilskraft erzielt. Bei Kant bedeutet »reflektierend«, dass die allgemeine Regel

[44] Weil für Arendt die (reflektierende) Urteilskraft ein zentraler politischer Begriff ist, hier Kants eigene Definition: »Urteilskraft überhaupt ist das Vermögen, das Besondere als *enthalten unter dem Allgemeinen* zu denken. Ist das Allgemeine (die Regel, das Prinzip, das Gesetz) gegeben, so ist die Urteilskraft, welche das Besondere darunter subsumiert, (auch, wenn sie als transzendentale Urteilskraft a priori die Bedingungen angibt, welchen gemäß allein unter jenem Allgemeinen subsumiert werden kann) bestimmend. Ist aber nur das Besondere gegeben, wozu sie das Allgemeine finden soll, so ist die Urteilskraft bloß reflektierend« (*Kritik der Urteilskraft,* Einleitung, XXV f., Hervorhebung A. S.). Bei Kant bezieht sich die Urteilskraft immer auf ein Allgemeines. Für Arendt ist Kants reflektierende Urteilskraft jedoch deshalb politisch, weil bei ihr Arendts Auffassung nach das Besondere (Politik) *nicht unter das Gesetz* (Philosophie) *subsumiert* wird: Die Urteilskraft hat kein Allgemeines: Die reflektierende Urteilskraft urteilt »ohne irgendwelche allgemeine Regeln« (LG 75).

[45] In der *Kritik der praktischen Vernunft* spricht Kant allerdings auch von der reinen »praktische[n] Urteilskraft, wodurch dasjenige, was in der Regel allgemein (in abstracto) gesagt wurde, auf eine Handlung in concreto angewandt wird« (119).

für das Besondere erst noch gefunden werden muss; für Arendt bedeutet »reflektierend« hingegen, dass es gar keine allgemeine Regel gibt, Regeln sind Sache moralischer Urteile bzw. der bestimmenden Urteilskraft.[46] Bei Arendt ist der kategorische Imperativ die Urteilsform der philosophischen Lebensweise und das Geschmacksurteil die der politischen. Die Differenzen sind so gravierend, dass man nicht davon ausgehen darf, dass Arendt Kants Position wiedergibt, wenn sie Kant zitiert.

Die Zuschauer urteilen über den Sinn des Ganzen

Dass sich in den *Kant-Vorlesungen* aber auch eine Abkehr von ihrer Position der zwei Lebensweisen und die Hinwendung zum Ganzen als Primat andeutet, wird in Arendts Kritik an Kants Fortschrittsgedanken deutlich: Fortschritt vertrage sich nicht mit Würde.

Die Kritik beginnt mit der Herausarbeitung der Bedeutung des *Zuschauers*. Das Urteil des Zuschauers ist ästhetisch (U 84). Die Einsichten der ästhetischen und reflektierenden Urteilskraft haben keine praktischen Folgen für das Handeln (U 85). Der Rückzug aus der direkten Beteiligung auf einen Standpunkt außerhalb des Schauspiels ist eine notwendige Bedingung allen Urteilens (U 87). Nach *Kant* ist dieser betrachtende Standpunkt des Zuschauers ein allgemeiner Standpunkt, der der Unparteilichkeit des Richters entspricht, wenn dieser sein Urteil fällt, dessen Maßstab der Fortschritt ist. Der *griechische Zuschauer* (hingegen) erschaut und beurteilt den Kosmos sozusagen über das Einzelereignis, die besondere Tat, deren *Bedeutung weder von Ursachen noch von Folgen abhängt*. Die einzelne, erzählbare Geschichte, einmal zu Ende gekommen, enthält die ganze Bedeutung. Anders bei Kant: Bei ihm liegt die Bedeutung einer Geschichte gerade nicht an deren Ende, sondern darin, dass sie neue Horizonte für die Zukunft eröffnet. Damit verkehrt der Fortschritt als Maßstab zur Beurteilung der Geschichte das alte Prinzip, dass der Sinn einer Geschichte sich erst an ihrem Ende enthüllt (U 88 f.). Bei Kant ist der Fortschritt der Geschichte unaufhörlich, er endet niemals. So gibt es auch kein Ende der Geschichte (U 90) – und somit auch keine Bedeutung. Das Subjekt, das (bei Kant) der Weltgeschichte kor-

46 Zur Unterscheidung von bestimmender und reflektierender Urteilskraft bei Arendt siehe DTB 569 f.

respondiert, ist die Menschengattung. Es ist der Plan der Natur, alle Fähigkeiten der Menschheit als Teil der Natur zu entwickeln (U 91). Arendt zieht nun einige Schlussfolgerungen (die ich in indirekter Rede wiedergebe, weil es mir unmöglich ist zu entscheiden, ob sie Kants Standpunkt oder ihren eigenen darlegt): Die Geschichte sei in die Menschengattung eingebaut. Das Wesen des Menschen könne nicht bestimmt werden. Der Wert der Existenz der Menschen könne nur im Ganzen offenbart werden, das heiße niemals in irgendeinem Menschen oder einer Generation von Menschen, da der Prozess selbst unaufhörlich sei (U 91 f.).

> »Also: Im Zentrum von Kants Moralphilosophie steht das Individuum; im Zentrum seiner Geschichts- (oder, besser, seiner Natur-)Philosophie steht der unaufhörliche Fortschritt des Menschengeschlechts oder der Menschheit. (Deshalb: Geschichte aus allgemeiner Betrachtung.) Der allgemeine Punkt der Betrachtung oder Standpunkt ist aber besetzt, durch den Zuschauer, der ein ›Weltbürger‹ ist oder, besser, ein ›Welt-Zuschauer‹. Er ist es, der eine Idee vom Ganzen hat und so entscheidet, ob in einem einzelnen, besonderen Ereignis Fortschritt erzielt wird.«[47]

Es gibt bei Kant nun folgenden Widerspruch, fährt Arendt fort: Unendlicher Fortschritt ist das Gesetz der Menschengattung; gleichzeitig verlangt die Würde des Menschen, dass jeder Mensch (jeder einzelne) *in seiner Besonderheit gesehen* und als solcher – ohne Vergleichsmaßstab und zeitunabhängig – als die Menschheit im Allgemeinen betrachtet wird.

> »Mit anderen Worten: Gerade die Idee des Fortschritts – wenn es sich dabei um mehr handelt als einen Wandel von Umständen und eine Verbesserung der Welt – widerspricht Kants Vorstellung von der Würde des Menschen. Es ist gegen die menschliche Würde, an den Fortschritt zu glauben. Fortschritt meint darüber hinaus, dass die Geschichte als erzählbare niemals ein Ende hat. Ihr Ende liegt in der Unendlichkeit. Es gibt keinen Punkt, an dem wir stillstehen und mit dem rückwärts gewandten Blick des Historikers zurückschauen können.«[48]

---

47 U 92.
48 U 120.

Mit dieser Aussage enden die *Kant-Vorlesungen* abrupt und dunkel. Sieht man darüber hinweg, dass Arendt Kants Würde-Begriff[49] missversteht, dann richtet sich Arendts Kritik wohl darauf, dass mit Würde und Fortschritt zwei ihrer Meinung nach unvereinbare Prinzipien in Beziehung gesetzt werden. Auf der einen Seite Unvergleichliches und deshalb »Unverbesserliches« und auf der anderen Seite die unendlich fortschreitende Verbesserung: Das Schöne ist, in Kants Worten, ein Zweck an sich selbst, weil all sein möglicher Sinn in ihm selbst enthalten ist, ohne Bezug zu den anderen schönen Dingen (U 119). Es ist *das Ganze* (in das die einzelne, erzählbare Geschichte immer eingebettet ist), *das den Einzelheiten Sinn gibt* (U 93). Dieses *Prinzip der unverbesserlichen Schönheit an sich* – das für Arendt ein politisches ist – kehrt der Fortschritt *als Maßstab des Beurteilens* um (U 89). Außerdem wäre beim Fortschritt die Wirklichkeit »hergestellt«, sie ließe sich als Ursache und Folge auf einzelne Menschen zurückverfolgen und man käme vom Selbst zum Wir. Mit dieser Umkehrung würde auch der Akteur in den Vordergrund rücken und den betrachtenden Zuschauer verdrängen. Nur der Akteur kann »fortschreiten«, auch das muss Arendt vom politischen Standpunkt aus kritisieren.

Mit ihrer Hervorhebung der griechischen *Zuschauer, die das unverbesserliche, gegebene Ganze betrachten und ohne Regeln beurtei-*

---

49 Nach Kant besteht die Idee der Würde eines vernünftigen Wesens darin, dass es keinem anderen Gesetz gehorcht als dem, das es sich zugleich selbst gegeben hat (*Grundlegung zur Metaphysik der Sitten*, 434). Würde ist das, was die Bedingung ausmacht, unter der allein etwas Zweck an sich selbst sein kann (ebd., 435), das ist die Autonomie oder Selbstgesetzlichkeit des Menschen: »Autonomie ist also der Grund der Würde der menschlichen und jeder vernünftigen Natur« (ebd., 436). Darin liegt für Kant ein Paradoxon: »dass bloß die Würde der Menschheit als vernünftiger Natur, ohne irgend einen anderen dadurch zu erreichenden Zweck oder Vorteil, mithin die Achtung für eine bloße Idee, dennoch zur unnachlasslichen Vorschrift des Willens dienen sollte, und dass gerade in dieser Unabhängigkeit der Maxime von allen solchen Triebfedern die Erhabenheit derselben bestehe und die Würdigkeit eines jeden vernünftigen Subjekts, ein gesetzgebendes Glied im Reiche der Zwecke zu sein …« (ebd., 439). Mit meinen Worten: Der Begriff der Würde hat die Bedeutung des Zwecks an sich selbst. Weil der Mensch Zweck an sich selbst ist, ist er autonom bzw. selbstgesetzgebend (unter Autonomie versteht Kant nicht Unabhängigkeit von Anderen): Der Mensch gibt sich sein eigenes Gesetz, dem er sich zugleich unterwirft. Zur Selbstgesetzgebung ist er nur aufgrund der Menschenwürde in der Lage; wäre er nicht dazu in der Lage, wäre er also nicht autonom, gäbe es keine Würde der Menschheit. Darin besteht das Paradoxon, das sich dadurch auflöst, dass sich der Mensch bei Kant als Menschheit in seiner Person versteht. Bei allem, was er tut, vertritt er die Menschheit in seiner Person. Bei der Würde geht es bei Kant also nicht darum, dass jeder einzelne Mensch in seiner Besonderheit gesehen wird.

len, ist der Primat der Erscheinung bzw. des Politischen des Spätwerks angelegt.

Welche Gedanken aus den *Kant-Vorlesungen* werden sich im Spätwerk wiederfinden?

In *Vom Leben des Geistes* begegnet uns deshalb vor allem der Zuschauer wieder. Arendt widmet ihm im ersten Band ein Kapitel, das die Überschrift »Denken und Handeln: der Zuschauer« trägt und erkennbar seinen Vorläufer in den *Kant-Vorlesungen* hat. So recht passt das Thema allerdings nicht zur Betrachtung des Denkens, weshalb sie selbst sagt, sie habe den *Rückzug des Urteils auf den Standpunkt des Zuschauers* verfrüht und (doch) einigermaßen ausführlich behandelt (LG 101).[50] Es ist kein Zufall, dass Arendt nicht vom Zuschauer spricht, der sein Urteil kundtut, sondern vom Urteil, das sich über den Zuschauer kundtut. Das Urteil ist das eigentliche Subjekt. Es geht beim Urteil(en) nicht um die Person, die urteilt, sondern um den öffentlichen Prozess des Urteilens an sich, weshalb bei Arendt dieser Prozess auch nicht in einem Ergebnis oder Urteil mündet.

Sie beginnt ihre Ausführungen mit dem Hinweis, dass sowohl das Denken wie das Urteilen eine Distanz zur Welt benötigen. Allerdings unterscheiden sich die Distanzierungen: Das Denken muss sich von der Welt zurückziehen, während sich der Zuschauer vom Handeln distanzieren muss; dieser Rückzug ist die Vorbedingung jedes Urteilens (LG 97)[51]. Diese Distanz ist etwas ganz anderes als die Distanz des Philosophen, denn sie tritt nicht aus der Erscheinungswelt heraus, sondern vom aktiven Engagement (des Schauspiels) in eine Sonderposition zurück, um *das Ganze* zu betrachten (LG 99).[52] So ist das Urteil des Zuschauers zwar unparteiisch und frei von Interesse an Gewinn oder Ruhm, aber es ist nicht unabhängig von den Ansichten

---

[50] In den *Kant-Vorlesungen* heißt es: Man zieht sich auf den betrachtenden Standpunkt des Zuschauers *zurück* (U 88).

[51] So auch in den *Kant-Vorlesungen*: Der Rückzug aus der direkten Beteiligung auf einen Standpunkt außerhalb des Spiels ist eine conditio sine qua non allen Urteilens (U 87).

[52] *Kant-Vorlesungen*: »Der allgemeine Punkt der Betrachtung oder Standpunkt ist aber besetzt, durch den Zuschauer, der ein ›Weltbürger‹ ist oder, besser, ein ›Welt-Zuschauer‹. Er ist es, der eine Idee vom Ganzen hat und so entscheidet, ob in einem einzelnen, besonderen Ereignis Fortschritt erzielt wird« (U 92).

Anderer. Die Zuschauer sind zwar von der Partikularität des Akteurs distanziert, aber sie sind nicht alleine (LG 99). Diese Unterscheidung zwischen Denken und Urteilen ist erst mit Kants politischer Philosophie hervorgetreten (LG 100). Der springende Punkt ist nämlich, dass der Zuschauerstandpunkt nicht durch die kategorischen Imperative der praktischen Vernunft bestimmt wird. Kategorische Imperative sind die Antwort der Vernunft auf die Frage: »Was soll ich tun?«. Diese Antwort ist eine moralische und betrifft den *Einzelnen in der vollen Autonomie seiner Vernunft*. Am Ende zählt aber das Urteil der *Zuschauer* und nicht die Handlungen der Beteiligten. Das Urteil ist maßgeblich (LG 100). Nicht durch das Handeln wird der *Sinn des Ganzen* gefunden, sondern durch die Betrachtung des Zuschauers, der den Schlüssel zum Sinn der menschlichen Angelegenheiten in der Hand hält (LG 101). Der Rückzugsort des Urteils auf den Zuschauerstandpunkt befindet sich (somit und ganz anders als beim Denken) in der gewöhnlichen Welt, unbeschadet der Reflexivität der Urteilskraft (LG 101 f.).

Hier spielt der Ort des Urteilens für Arendt eine große Rolle. Das Urteilen der Zuschauer findet in der Welt der Erscheinungen statt, allerdings im Rückzug vom Handeln. Zum Denken muss sich das Selbst hingegen immer aus der Welt (als denkendes Ich) zurückziehen. Vor allem darin *unterscheiden* sich *Denken und Urteilen*. Allerdings scheint diese Unterscheidung im Spätwerk keine trennende zu sein, denn zum Ende des zweiten Bandes weist Arendt daraufhin, dass das Denken das Selbst auf die Rolle des Zuschauers vorbereitet (LG 422). Ob dies bereits so in den *Kant-Vorlesungen* hätte stehen können, ist zu bezweifeln; hier geht Arendt noch von der Trennung der beiden Lebensweisen aus.[53]

Zusammenfassung der Übergangsfunktion der *Kant-Vorlesungen*

Bevor wir uns dem Spätwerk und der Umkehr der metaphysischen Hierarchie als Schlüssel zum Verständnis der politischer Theorie

[53] Dass das Denken – und nicht das Urteilen – das Selbst auf die Rolle des Zuschauers vorbereitet, führt im Spätwerk allerdings zu einigen Schwierigkeiten. Mehr dazu siehe unten: »Besonderheiten des Spätwerks: Wie kann Denken Urteilen als Nebenprodukt haben, wenn Denken und Urteilen zwei unterschiedliche geistige Vermögen sind?«.

Arendts zuwenden, kann die Übergangsfunktion der *Kant-Vorlesungen* folgendermaßen zusammengefasst werden: Arendt betont zwar weiterhin die beiden Lebensweisen des autonomen Menschen auf der einen und der nicht autonomen Menschen auf der anderen Seite, verschiebt aber den Schwerpunkt der Betrachtung auf die *über das Ganze urteilenden Zuschauer* und somit auf das Politische. Den Prozess des Beurteilens nennt Arendt in den *Kant-Vorlesungen* »kritisches Denken« (U 53 f.), ein Begriff, der in den ersten beiden Bänden des Spätwerks nicht mehr vorkommt. Dass das Politische auch *das gegebene Ganze* ist, das seinen Teilen vorausgeht, lässt sich – mit einiger Vorsicht – aus Arendts Kritik an Kants Fortschrittsgedanken ablesen.

Im Spätwerk: Primat der Politik durch »Umkehr der metaphysischen Hierarchie«

Was ändert sich nun im Spätwerk? Die folgenreichste Änderung ist, dass Arendt den Primat der Erscheinung oder des Politischen erklärt. Damit hebt sie den Konflikt zwischen Philosophie und Politik und die beiden entgegengesetzten Lebensweisen auf. Nun ist Philosophie nachrangig.

Der Primat der Erscheinung

Bislang konnte der Primat des Politischen nur daraus abgeleitet werden, dass Arendt zwar von zwei Lebens- oder Existenzweisen gesprochen, aber nur der politischen Lebensweise Wirklichkeit zugesprochen hat. Im Spätwerk erklärt sie nun den »Primat der Erscheinung für alle Lebewesen« (LG 32). Anders als in den früheren Texten kritisiert sie nicht länger Platons Höhlengleichnis als antipolitisch, sondern betont, dass sich auch die alte »metaphysische Zweiteilung in (wahres) Sein und (bloße) Erscheinung«[54] auf den Primat oder mindestens die Priorität der Erscheinung stützt. Die Welt der Erscheinungen (die Höhle) geht jeder Region *voraus*, die der Philosoph als seine »wahre« Heimat *wählen* kann, in der er aber nicht hineingeboren ist.[55] Um erkennen zu können, was wirklich ist, muss der Philosoph die Welt der Erscheinungen *verlassen*. Wenn der Philosoph Abschied nimmt von der *Welt, wie sie unseren Sinnen gegeben ist,* und eine *Kehrtwendung hin zum Leben des Geistes* macht, dann kommt der *Anstoß* (immer noch) *von der Sinnenwelt* und er sucht nach einer Entdeckung, die ihm deren *eigentliche Wahrheit* (die Wahrheit der Welt) deutlich macht (LG 33).

54 LG 33.

55 Hinein geboren wurde der Philosoph in die Höhle. Er kann also nur in die »primäre« Höhle zurückkehren, nicht jedoch die Bewohner dazu bringen, die Höhle als ihre natürliche und gegebene Welt zu verlassen.

Im letzten Kapitel des zweiten Bandes wiederholt Arendt diese Bewegung des Denkers aus der Welt (Höhle) heraus, in der er hineingeboren und die deshalb seine erste Heimat ist: Das Handeln, bei dem stets ein Wir mit der Veränderung der gemeinsamen Welt beschäftigt ist, steht im schärfsten Gegensatz zum einsamen Geschäft des Denkens, das sich im Zwiegespräch mit sich selbst vollzieht (LG 426 f.). Das einzelne Selbst muss sich aus der Vielheit der Menschen zum Alleinsein (des Denkens) abspalten (LG 427). Auch hier ist die Welt der Erscheinungen zuerst und bildet das Zentrum, das man verlassen kann, aber nicht muss; man kann die Welt allerdings nicht dauerhaft verlassen, denn man kehrt aus dem Alleinsein immer in die Vielheit der Menschen zurück. Der Primat der Erscheinung ist auch der Primat der Politik.

Die »Umkehr der metaphysischen Hierarchie«, an deren Spitze das autonome Individuum steht

Dass sich Arendts politische Theorie auch im Spätwerk gegen die Philosophie oder Metaphysik richtet, deutet sich an, wenn sie sagt, sie sehe die Auffassung als einen *schwerwiegenden metaphysischen Irrtum* an, *dass der Ursache ein höherer Rang als der Wirkung zukomme* (LG 35). Man muss bedenken, dass Arendt schon vor dem Spätwerk Ursache mit Singularität gleichgesetzt hat, aus der sich ihrer Meinung nach keine Pluralität entwickeln kann. Einzahl führt nicht zu Mehrzahl. Indem sie den Primat der Erscheinung erklärt und betont, dass alles erscheinende Sein erkannt und anerkannt werden muss (LG 31 f.), wird es verständlich, dass es aus ihrer Sicht in der Welt der Erscheinungen, das ist eine Welt der Wirkung oder der Oberfläche, keine innere Ursache geben kann. Die Welt ist jedem Einzelnen gegeben;[56] in der Welt ist der Mensch keine Ursache. Nicht die Welt ist auf den Einzelnen angewiesen, sondern jeder Einzelne (bei Arendt: jedes Lebewesen) ist auf eine Welt angewiesen, die verlässlich als Ort seines Erscheinens erscheint (LG 31).

In einer nicht von Menschen verursachten Welt verbindet Arendt Ursächlichkeit also nach wie vor mit Singularität oder dem Selbst, das sie als das mit freiem Willen und freier Initiative begabte, *autonome,*

56 »… wenn das Bedürfnis der Vernunft die Grenzen der gegebenen Welt überschreitet …« (LG 108).

unabhängige, isolierte Eiland bezeichnet, das allerdings ein Märchen ist (LG 424 f.). Man ist sicher berechtigt zu sagen, dass eben dieses autonome, innerliche und ursächliche Selbst oder Individuum an der Spitze der metaphysischen Hierarchie steht, die Arendt umkehrt (LG 36), um den Wert bzw. die Bedeutung der gegebenen Oberfläche bzw. der unverursachten Wirkung in einer Welt der Erscheinungen zu betonen: Die üblichen Urteilsmaßstäbe, die fest in metaphysischen Annahmen und Vorurteilen verwurzelt sind, sind falsch, ebenso die Überzeugung, Inneres ist maßgeblich dafür, was man als äußerlich Erscheinender ist (LG 40). Ist es nicht einleuchtender, fragt sie, dass das Bedeutsame und Sinnvolle an der Oberfläche liegt, da wir doch in einer *erscheinenden* Welt leben (LG 37)? Im Politischen liegt der Sinn somit *nicht* im ursächlichen Individuum der Metaphysik.

Unmittelbar bevor Arendt im Spätwerk erläutert, dass sie denen beigetreten ist, die die Metaphysik und Philosophie demontieren, erwähnt sie ihre eigene »Methode«, auf die sie jedoch nicht hinlenken will (LG 207). Meines Erachtens besteht, gerade weil Arendt mit dem Ziel der Demontage der Metaphysik fortfährt, ihre eigene Methode in der »Umkehr der metaphysischen Hierarchie«. Kehrt man die metaphysische Hierarchie um, hebt man die »Kausalkette« (LG 433) von Ursache und Wirkung auf, was zur Folge hat, dass in der Politik, die aus der Umkehrung der Philosophie entsteht, das Ganze seinen Teilen vorausgeht und deshalb nicht die Summe seiner Teile sein kann.

Im Einzelnen bedeutet das: Der *Primat der Erscheinung* ist auch der *Primat des Wir*. Das Wir bzw. die nicht-autonome Pluralität geht dem Selbst voraus. Deshalb kommt man nicht vom Selbst zum Wir (LG 426 f.), käme aber vom Wir zum Selbst, denn das Selbst spaltet sich zum Nachdenken als denkendes Ich aus der Vielheit der Menschen zu seinem Alleinsein ab (LG 427).

Ist das ursprüngliche Wir plural, muss es auch das aus ihm folgende Selbst sein. Im Spätwerk ist das Selbst deshalb nicht länger autonom. Man könnte es ein Mit-Selbst nennen; es *existiert* nur mit den Anderen.

Wie sich das ursprüngliche Wir zusammensetzt, erklärt Arendt allerdings nicht. Sie verweist lediglich darauf, dass der Anfang des Wir in »Dunkelheit und Geheimnis« gehüllt ist (LG 428). Wieder, wie schon in den *Kant-Vorlesungen,* besteht es aus Schauspielern und Zuschauern, wobei Arendt auch hier den Schwerpunkt auf die Zuschauer legt (LG 97 ff.).

Auch im Spätwerk ist der Gemeinsinn weiterhin ein Welt-Sinn. Allerdings ist das Verhältnis der Urteilskraft zum Gemeinsinn nicht mehr eindeutig. Zur verlässlichen Bestimmung fehlt der dritte Band. Im ersten Band über das Denken wird die Urteilskraft – neben Denken und Wollen – als ein eigenes geistiges Vermögen des Selbst geführt. Das gilt für die bestimmende Urteilskraft, mehr aber noch für die reflektierende (LG 75). Meiner Meinung nach geht Arendt davon aus, dass Gewissen (bzw. Denken) so etwas wie die *eigene Urteilskraft* ist, die weiterhin ein Selbst-Sinn ist, denn ihr Produkt ist *Selbstzufriedenheit* (LG 190). Wenn Arendt im Spätwerk ganz allgemein von der Urteilskraft spricht, meint sie zwar auch das Denken des Einzelnen, aber *dieses* Denken ist nun auf die Öffentlichkeit oder Welt gerichtet, wohingegen das Denken als Gewissen auf das Selbst bezogen bleibt. Das geistige Vermögen der (nicht weiter spezifizierten) *Urteilskraft* ist also öffentlich, es wird nicht im Alleinsein vollzogen. Da die öffentliche Urteilskraft das erste Vermögen ist, folgt im Spätwerk die Vernunft entweder aus dem Verstand oder aus der Urteilskraft.

Das Selbst spaltet sich als denkendes Ich von den Vielen ab und denkt außerhalb der Welt der Erscheinungen (LG 427). Kehrt das denkende Ich in die Welt zurück, wird es zum Selbst als Zusammen-Handelnder, im Grunde aber zum Mit-Zuschauer, der das Handeln der Vielen beurteilt. Was es als denkendes Ich »*außer der Ordnung*« (LG 84) gedacht hat, findet folglich keinen Eingang in die Welt der Erscheinungen. Inneres kann also auch im Spätwerk in der Welt nicht ursächlich sein. Geistiges ist nach wie vor nicht der Grund für Tatsachen oder Erfahrungen.

Auf den letzten Seiten des zweiten Bandes des Spätwerks betont Arendt zwar, dass ihre politische Theorie dem Handeln dienen soll, aber man gewinnt den Eindruck, dass im Spätwerk aus Handeln *Urteilen* wird, denn sie leitet unmerklich weg von der Tätigkeit des Handelns hin zur Urteilskraft der Zuschauer (LG 442 f.).

Zusammenfassend kann man sagen: Die »Umkehr der metaphysischen Hierarchie« in Politik bedeutet die Umkehr von Autonomie im Sinne von »unabhängig von den Vielen« in Pluralität im Sinne von »bedarf der Präsenz der Vielen«. Ursache wird in Wirkung umgekehrt. Philosophisch ausgedrückt, was Arendt selbst nie tun würde, ist Pluralität das Nicht-alleine-wirksam-sein. *Pluralität ist Nicht-Autonomie.*

Arendt sagt allerdings selbst nirgends, dass Politik umgekehrte Philosophie ist. Dass man dennoch zur Annahme dieser These berechtigt ist, ergibt sich daraus, dass Arendt von der »Umkehr der metaphysischen Hierarchie« spricht, auch wenn sie das Ergebnis der Umkehrung nicht benennt, das aber doch im Gegenteil dessen, was umgekehrt werden soll, bestehen wird. Auch Arendts Darlegung der metaphysischen Irrtümer – dem Innerem oder der Ursache kommt irrtümlicherweise mehr Bedeutung zu als der Wirkung oder der Oberfläche – und ihre Feststellung, dass man nicht vom Selbst zum Wir kommt, bestätigen die These. Kehrt man Ursache um, kommt Wirkung heraus. Das autonome Individuum (Singularität) wird in das Wir (Pluralität) umgekehrt. Der Ausgangspunkt der Umkehr ist immer die Philosophie und das Ergebnis der Umkehr ist immer Politik.

Weil der Primat der Erscheinung gilt und Erscheinung Welt oder Wirklichkeit, mithin Pluralität, bedeutet, kann die *Umkehr* als *Methode des Primats* verstanden werden, die erklärt, wie der Primat zustande kommt. Ob die Umkehr der metaphysischen Hierarchie deshalb aber auch die Methode der Demontage der Metaphysik und ihrer Kategorien, mithin der Tradition, ist, kann allerdings nicht mit der gleichen Gewissheit behauptet werden.

Am Ende des ersten Bandes des Spätwerks über das Denken spricht Arendt über »die Lücke zwischen Vergangenheit und Zukunft: das nunc stans« (Kapitel 20, LG 198 ff.): Das Zeitkontinuum, die immerwährende Veränderung, wird in die grammatischen Zeiten Vergangenheit, Gegenwart und Zukunft aufgespalten, wobei Vergangenheit und Zukunft nur deshalb Antagonisten als »das Nicht-mehr« und »das Noch-nicht« sind, weil es den Menschen gibt, der selbst einen »Ursprung« hat, seine Geburt, und ein Ende, seinen Tod, und der deshalb jederzeit zwischen ihnen steht; dieses Zwischen heißt Gegenwart (LG 199). In diesem Zwischen lebt der Mensch, und was er Gegenwart nennt, ist ein lebenslanger Kampf gegen die Last der Vergangenheit, die ihn, hoffend, vorantreibt, und die Furcht vor einer Zukunft (an der das einzig Sichere der Tod ist), die ihn zurücktreibt in die Ruhe der Vergangenheit (LG 201). Die Gegenwart, die Lücke zwischen Vergangenheit und Zukunft, ist zeitlos. In ihr findet man seinen Platz, wenn man denkt. In der mittelalterlichen Philosophie hieß diese Lücke »nunc stans«, »stehendes Jetzt« (LG 205 f.). Die zeitliche Dimension des nunc stans, die bei der Denktätigkeit erfahren wird, holt die abwesenden Zeitformen, das Noch-nicht und das Nicht-mehr, zusammen in seine Gegenwart. Dies ist der einzige Bereich, in dem sich das unbegreifbare Ganze des eigenen Lebens als reine Kontinuität des Ich-bin offenbaren kann, als fortdauernde Gegenwart inmitten der ständig sich wandelnden Flüchtigkeit der Welt (LG 207).

Der nächste Absatz beginnt wie folgt:

> »Am Ende dieser langen Überlegungen möchte ich nun nicht auf meine ›Methode‹ hinlenken oder auf meine ›Kriterien‹ oder, noch schlimmer, auf meine ›Werte‹ [...], sondern auf das, was nach meiner Auffassung die Grundannahme dieser Untersuchung ist. Ich sprach von den metaphysischen ›Trugschlüssen‹, die aber, wie wir gefunden haben, wichtige Hinweise auf das enthalten, was es mit dieser merkwürdigen außer der Ordnung stehenden Tätigkeit, die da Denken heißt, eigentlich auf sich haben mag. Mit anderen Worten, ich bin eindeutig denen beigetreten, die jetzt schon einige Zeit versuchen, die Metaphysik und die Philosophie mit allen ihren Kategorien, wie wir sie seit ihren Anfängen in Griechenland bis auf den heutigen Tag kennen, zu demontieren. Eine solche Demontage ist nur möglich, wenn man davon ausgeht, dass der Faden der Tradition gerissen sei und wir ihn nicht erneuern können.«[57]

Der Verlust der Tradition zerstört nicht die Vergangenheit, und die Demontage ist nicht destruktiv; sie zieht nur die Konsequenz aus einem Verlust, der eine Tatsache ist. Arendt fährt fort:

> »Verlorengegangen ist die Kontinuität der Vergangenheit, wie sie von einer Generation auf die andere überzugehen und dabei eine Eigenständigkeit zu entwickeln schien. Die Demontage hat ihre eigene Methode, auf die ich hier nur am Rande eingegangen bin. Man hat dann immer noch die Vergangenheit, aber eine *zerstückelte* Vergangenheit, die ihre Bewertungsgewissheit verloren hat.«

Dass man überhaupt etwas mit den Bruchstücken aus der Vergangenheit anfangen kann, verdankt man dem zeitlosen Pfad, den das Denken in die Welt von Raum und Zeit schlägt (LG 208).

Ich habe die Passage deshalb so ausführlich zitiert, weil ich die Ungewissheit demonstrieren möchte, die man hinsichtlich der Methode der Demontage haben muss. Die erste Nennung der Methode (LG 207) bezieht sich auf die Annahme der metaphysischen Irrtümer oder Trugschlüsse. Die metaphysischen Irrtümer lassen sich

---

[57] LG 207. Dass Arendt nicht auf ihre Methode, Kriterien oder Werte hinlenken will, heißt jedoch nicht, dass sie keine Methode, Kriterien oder Werte hat.

durch die Umkehr der metaphysischen Hierarchie in ihr politisches Gegenteil beheben. Das scheint Arendt aber nicht zu meinen, denn die Grundannahme der metaphysischen Irrtümer führt sie zur Demontage der Metaphysik und Philosophie; Demontage ist etwas anderes als Umkehr. Wenn Arendt sagt, dass die Demontage ihre eigene Methode hat, auf die sie nur am Rande eingegangen ist, kann sich das meines Erachtens nur auf das »nunc stans« beziehen, den zeitlosen Pfad, den das Denken in die Welt von Raum und Zeit schlägt. Das stehende Jetzt scheint Arendt der einzige Ort zu sein, an dem man mit einer zerstückelten Vergangenheit umgehen kann. Die zweite Nennung der Methode (LG 208) bezieht sich also nur auf die Demontage, nicht jedoch auf die metaphysischen Irrtümer, die durch die Methode der Umkehr behoben werden könnten. Und doch behandeln beide Methoden ein und dasselbe: Die Methode der »Umkehr der metaphysischen Hierarchie« beschreibt die Bestimmung der Politik. Politik bestimmt sich nicht länger als Gegensatz zur Philosophie, sondern als Umkehr von Philosophie in Politik, was zur Folge hat, dass nun Politik Philosophie vorausgeht. Das Herrschaftsverhältnis hat sich gewandelt. Allerdings dient die Umkehr weniger der Etablierung der Politik als der Demontage der Philosophie.

Besonderheiten des Spätwerks

Positiv formuliert soll Arendts politische Theorie dem Handeln dienen (LG 442), negativ formuliert dient die Theorie der Verhinderung des Totalitarismus. In den Schriften vor dem Spätwerk erreicht Arendt das negative Ziel dadurch, dass sie Singularität strikt von Pluralität trennt bzw. Singularität kategorisch aus Pluralität ausschließt. Im Spätwerk muss sie nicht so rigide vorgehen, denn indem sie den Primat der Pluralität erklärt, aus dem alles Einzelne als Teil folgt, verunmöglicht sie auf systemischem Weg das in ihren Augen gefährliche *Ursächlich-Werden-Können* der Singularität.

Die Politik, die vor dem Spätwerk der Philosophie gegenüberstand, geht im Spätwerk der Philosophie voraus. Wie weitreichend die Änderungen sind und wie umfangreich das Umdenken ist, das Arendt von ihren Lesern erwartet, lässt sich am Begriff des Selbst demonstrieren.

Das plurale Selbst

Schon in *Vita activa* definiert Arendt Pluralität als »Anwesenheit von Anderen, die mit-sind und mit-handeln« (VA 302). Als ein solches Mit-Selbst muss das Selbst im Spätwerk verstanden werden.

Hier ist das Selbst von vorneherein politisch, es stellt nicht mehr das philosophische Gegenteil des politischen Mit-Bürgers dar. Aber nun unterscheidet Arendt zwischen dem (körperlichen und erscheinenden) Selbst und dem geistigen, denkenden Ich.[58] »Körperlich und erscheinend« korrespondiert mit dem Lob der erscheinenden Oberfläche (LG 36 ff.).

Folgt man der Methode der Umkehr von Philosophie in Politik, muss das philosophische oder singuläre Selbst, das autonom existiert, nicht zuerst in ein Selbst, das nicht autonom existiert, umgekehrt werden, sondern in das plurale Wir, dessen erscheinender Teil das körperliche Selbst ist. Der Geist ist unsichtbar und erscheint nicht (LG 77), deshalb findet Arendt einen neuen Subjektbegriff: das denkende Ich, und hier kann man vom Subjekt sprechen, denn der Geist gehört zu einem einzelnen Menschen, der sich beim Vollzug der geistigen Tätigkeiten aus der Welt oder dem Wir auf sein Subjektsein zurückgezogen hat. Allerdings ist das Selbst nur während der geistigen Tätigkeiten das denkende Ich,[59] sobald es in die Welt zurückkehrt, wird es unverzüglich zum körperlichen Selbst oder Mit-Handelnden.

Im Spätwerk ist somit das Wesen des Selbst plural. Das singuläre, autonome Selbst vor dem Spätwerk, das im Konflikt mit dem Bürger gestanden hat, ist in ein Mit-Selbst umgekehrt worden. Erst jetzt ist die eingangs zitierte Stelle aus *Vita activa* verständlich.

---

[58] Eine Aufstellung der unterschiedlichen Verwendungen der Begriffe »Selbst« und »denkendes Ich« findet sich in: Andrea Schüller: *Möglichkeiten und Grenzen des Gewissensbegriffs bei Hannah Arendt,* Seite 267 ff.

[59] ».... dass das denkende Ich nicht das Selbst ist, wie es erscheint, sich in der Welt bewegt und sich seiner biologischen Vergangenheit erinnert ...« (LG 202).

Wie kann Denken Urteilen als Nebenprodukt haben, wenn Denken und Urteilen zwei unterschiedliche geistige Vermögen sind?

Im ersten Band des Spätwerks schreibt Arendt zunächst Kant die Unterscheidung von Denken und Urteilen zu (LG 100).[60] Sie erläutert außerdem, dass beide geistigen Tätigkeiten eine je eigene Distanz zur Welt benötigen: Denken kann man nur alleine, also im Rückzug aus der Welt, während zum Urteilen die Präsenz der Vielen erforderlich ist. Beim Urteilen distanziert man sich vom Handeln, bleibt aber in der Welt und nimmt in ihr eine Sonderposition ein, um das Ganze zu betrachten. Der wollende und urteilende Geist zieht sich nur zeitweilig und mit der Absicht der Rückkehr aus der Welt zurück (LG 97). Arendt betont die Aufteilung des Geistes in die je eigenständigen Vermögen Denken, Wollen und Urteilskraft, die sich nicht auseinander ableiten lassen (LG 75 f.). Später aber hat das *Denken* zwei Nebenprodukte – Gewissen und *Urteilskraft*: Das Denken aktualisiert den Unterschied in unserer Identität, wie er im Bewusstsein gegeben ist, und so entsteht als Nebenprodukt das Gewissen (LG 192). Das Denken als Gewissen vollzieht sich im Alleinsein (außerhalb der Welt), sein politisches Nebenergebnis ist Selbstzufriedenheit (LG 190). Die Urteilskraft, »das Nebenprodukt der befreienden Wirkung des Denkens«, realisiert das Denken und bringt es in der Welt der Erscheinungen zur Geltung, wo man nie allein ist und immer zu beschäftigt, um denken zu können (LG 192).

Hieraus ergeben sich einige Schwierigkeiten. Wenn Denken und Urteilen unterschieden werden müssen, weil sie je eigene Vermögen sind, kann schlecht das Urteilen ein Nebenprodukt des Denkens sein. Die Unterscheidung von Denken und Urteilen als je eigene Vermögen unterstreicht Arendt außerdem mit den unterschiedlichen Orten des Vollzugs: Denken außerhalb der Welt, Urteilen in der Welt. Da niemand für dieselbe Tätigkeit zugleich an zwei Orten sein kann, muss sich also auch das Denken als Gewissen in der Welt manifestieren können oder aber das Denken als Urteilen kann sich ebenso wenig wie das Gewissen in der Welt realisieren.

Dass sich das Denken über die Urteilskraft in der Welt realisieren könnte, ist zudem deshalb unwahrscheinlich, weil auch im Spätwerk

---

60 Die Unterscheidung gilt allerdings gerade für Kant nicht, denn für ihn ist – wie bereits erwähnt – Denken Urteilen (*Prolegomena*, § 22).

das Denken dem Handeln nicht vorausgehen soll. Und das kann es auch nicht, denn das Handeln ist zuerst und das Selbst kann sich entweder als Zuschauer zum Urteilen vom Handeln innerhalb der Welt auf eine Sonderposition zurückziehen oder vom Wir zum Denken im Alleinsein außerhalb der Welt abspalten. Das Ergebnis dieses Denkens ist aber bloß Selbstzufriedenheit und nicht öffentliche Urteilskraft. Also kann die öffentliche Urteilskraft kein Nebenprodukt des Denkens sein, *eher müsste das Denken als Gewissen ein Nebenprodukt des politischen Urteilens sein*.

Ginge das Denken als Urteilskraft dem Handeln voraus, käme man außerdem vom Selbst zum Wir. Das aber widerspräche Arendts Anliegen, das Selbst nicht Ursache in der Welt sein zu lassen.

Das Rätsel des Wollens

Der Wille ist nach Arendt einer der drei grundlegenden geistigen Tätigkeiten (LG 75). Grundlegend sind die geistigen Tätigkeiten, weil sie selbstständig sind und ihren je eigenen Gesetzen gehorchen. Außerdem ist es immer dieselbe Person, deren Geist denkt, will und urteilt (LG 76).[61] Dass der Wille *seinen eigenen Gesetzen* gehorcht, zeigt sich daran, dass er sich weder von der Vernunft noch vom Verlangen (beides »außerweltliche« Vermögen) in Bewegung setzen lässt. Zur Demonstration zitiert sie Johannes Duns Scotus: »Der Wille will, dass er will« (LG 75). Vom Denken unterscheidet sich das Wollen durch den »Ort«: Während für das Denken der Rückzug von der Welt die einzige Vorbedingung ist (LG 84), erfolgt das Wollen innerhalb der Welt, denn das Wollen hat es mit Projekten, etwa mit der künftigen Verfügbarkeit eines Gegenstandes (der als solcher in der Welt sein muss) zu tun (LG 82).[62] Das Wollen schafft den Charakter und ist die Quelle der besonderen persönlichen Identität (LG 422). Der Einzelne, den der Willen gestaltet hat, und der erkennt, dass er auch anders sein könnte, denn der Charakter ist bei der Geburt nicht

---

[61] Die Individualisierung oder Subjektivierung (»dieselbe Person«) bezieht sich nur auf die geistigen Tätigkeiten. Arendt sagt damit nicht, dass diese Person auch *alleine* handelt.

[62] Dass der Geist ein und derselben Person einmal notwendig außerhalb und ein anderes Mal notwendig innerhalb in der Welt vollzogen werden muss, ist mehr als verwirrend.

gegeben, will immer ein »ich selbst« behaupten gegenüber einem *unbestimmten* »man«, das alle anderen sind, die man als Individuum nicht ist.[63] Darin sieht Arendt eine Schwierigkeit für den Begriff der Freiheit, denn der Wille mit seinen Zukunftsplänen rüttelt am Glauben an die Notwendigkeit, am Hinnehmen der Verhältnisse der Welt.

> »Doch ist nicht jedermann klar«, fragt sie, »dass die Welt nicht so ist und nie so gewesen ist, wie sie sein *sollte*? Und wer wüsste oder hätte je gewusst, *wie* sie sein sollte? Das ›Seinsollende‹ ist utopisch; es hat keinen rechten topos oder Ort in der Welt. Ist nicht der Glaube an die Notwendigkeit, die Überzeugung, alles sei so, ›wie es kommen musste‹, der Freiheit, die um den Preis der Kontingenz erkauft ist, unendlich vorzuziehen? Wirkt hier nicht die Freiheit wie ein Euphemismus für ein verbranntes Gebiet, das gekennzeichnet ist durch ›die Verlassenheit [des Daseins] in die Überlassenheit an es selbst‹?«[64]

Der Wille ist selbstbezüglich, er wirkt auf sich selbst zurück. »Derartige Probleme« gibt es für den Verstand nicht. Der Verstand ist das Erkenntnisvermögen des Geistes und dessen Wahrheitsvertrauen. Die Erkenntnisfähigkeiten wirken, ebenso wie die Sinne, nicht auf sich selbst zurück; sie sind völlig intentional, das heißt, völlig von den intendierten Gegenständen in Anspruch genommen (LG 422 f.).[65] Der Wille ist somit auf das Selbst gerichtet, der Verstand hingegen auf die Welt. Oder noch deutlicher: Der Wille des Selbst hat seinen Ursprung im Selbst, der Verstand des Selbst jedoch in der Welt. Für den Willen bedeutet das: Der Gegenstand, den er will – die Welt oder Teile davon –, ist ihm gegeben. Er kann ihn lediglich bejahend hinnehmen oder verneinend ablehnen.[66]

---

63 Der Drang zur Individualisierung oder Selbstpräsentation (LG 43 ff.) ist also eine *Folge* des »unbestimmten man«.

64 LG 422. Auch wenn mir bewusst ist, dass ich Arendts Ironie in vielen Fällen eher übersehe, bin ich mir hier sicher, dass Arendt die Gegebenheit der Welt, gegen die der Wille des Selbst (vergeblich) anrennt, nicht ironisch meint.

65 Arendt verwendet hier »intentional« nicht im Sinne Husserls, der Intentionalität als Bewusstsein von Etwas bezeichnet. »Bewusstsein von Etwas besagt die durchgängige Korrelation zwischen den Akten des Vermeinens im weitesten Sinn und dem vermeinten Gegenstand als solchem« (*Historisches Wörterbuch der Philosophie*, Bd. 4, Sp. 475). Bei Arendt ist es eher so, dass eine durchgängige Korrelation zwischen Dingen in der Welt und den Sinnen des Subjekts hergestellt wird: Die Sinne des Selbst werden auf die Welt bezogen, nicht der Gegenstand der Welt auf die Sinne. In ähnlicher Weise »missversteht« sie Husserl in LG 55.

66 »… Willensmacht des Geistes zum Bejahen oder Verneinen …« (LG 427).

Arendt stellt in den *Moral-Vorlesungen,* in denen sie sich bereits mit dem Willen beschäftigt hat, folgende Fragen, ohne sie jedoch zu beantworten: »Wenn der Wille nun mal so ist,[67] was kann er dann Gutes tun? Und doch: Wie könnte ich je ohne Wollen zum Handeln bewegt werden?«[68] Zwar greift sie im Spätwerk die Themen des gespaltenen Willens und des Willens als Schiedsrichter und auch die besondere Willenskonzeption des Johannes Duns Scotus wieder auf, aber keines der Themen trägt etwas zur Frage bei, wie der Wille uns zum *Handeln* bringt. Eine politische Bedeutung des Willens gibt es nicht. Die eigentliche Bedeutung des Willens im Spätwerk scheint vielmehr die Charakterbildung und die daraus folgende Individualisierung zu sein. Ob dies aber nicht dasselbe wie die Selbstrepräsentation des ersten Bandes über das Denken ist,[69] gehört zu den vielen Fragen, die man an das Spätwerk stellen kann.

Es lässt sich lediglich sagen, dass das Wollen eine geistige Tätigkeit ist, die sich in der Welt vollzieht, für die Welt aber ohne Bedeutung ist. Der Wille ist zwar die Macht des Selbst, die Welt zu bejahen oder zu verneinen, aber für die Welt hat diese Macht keine Relevanz. Zum Thema wird das Wollen nur deshalb, weil im Spätwerk der Primat der Erscheinung gilt, aus dem die Frage der Individualisierung folgen kann, aber – in politischer Hinsicht – nicht folgen muss; sie ist lediglich nicht länger unmöglich.

---

[67] Der Wille ist gegen sich selbst aufgespalten. Um uns zum Handeln zu bringen, muss er jedoch Einer sein (ÜB 116).

[68] ÜB 116. Da die Fragen zum Abschluss der dritten Vorlesung gestellt werden und Arendt in der vierten mit der Urteilskraft weitermacht, ist zu vermuten, dass sie in der Urteilskraft das Vermögen sieht, das uns zum Handeln zu bringt.

[69] Die Selbstpräsentation ist die aktive und bewusste Wahl des gezeigten Bildes: »man entscheidet sich bewusst zwischen den verschiedenen Verhaltensmöglichkeiten, die einem die Welt bietet. Aus solchen Entscheidungen erwächst schließlich das, was wir Charakter oder Persönlichkeit nennen, der Zusammenschluss einer Anzahl wohlbestimmter Eigenschaften zu einem verstehbaren und zuverlässig erkennbaren Ganzen …« (LG 46).

Grenzen der »Umkehr der metaphysischen Hierarchie« in Politik

Neben diesen spezifischen Schwierigkeiten des Spätwerks gibt es Verständnisschwierigkeiten, die sich auf das ganze Werk beziehen. Hierbei ist nicht Arendts normativer Anspruch – Begrenzung der singulären Wirkmacht im Politischen – fraglich, sondern die Umsetzung des Anspruchs in System.

Das Böse in der Welt

Zu den nicht nur das Spätwerk betreffenden Schwierigkeiten zählen die Begriffe des Bösen bzw. des Übels, des bösen Tuns und des Bösewichts oder Übeltäters. Arendt erläutert, dass u. a. ihre Anwesenheit beim Eichmann-Prozess in Jerusalem der Anstoß für ihre Beschäftigung mit den Geistestätigkeiten gewesen ist (LG 13), denn das Bemerkenswerteste an Eichmann ist seine *Gedankenlosigkeit* (von Arendt kursiv gesetzt) gewesen, das Fehlen des Denkens (LG 14).

Es fällt auf, dass Arendt das Böse mit Geistestätigkeit verbindet, oder präziser: mit dem *Fehlen* des Denkens, also eigentlich mit *Nicht-Denken*. Denken ist Gewissen und beschäftigt sich mit dem eigenen bösen Tun. Im Spätwerk wird das in der Einleitung durch die Frage deutlich, ob das Denken als solches zu den Bedingungen gehört, die die Menschen davon abhalten, Böses zu tun. »Das Wort ›Ge-wissen‹ selbst [engl. ›con-science‹] deutet jedenfalls darauf hin, denn es bedeutet ja ›bei sich wissen‹, was bei jedem Denkvorgang der Fall ist.«[70]

Gedankenlosigkeit fügt der *Welt* den größten Schaden zu. In den *Moral-Vorlesungen* legt Arendt dar, dass die größten Übeltäter jene sind, die sich nicht erinnern, weil sie auf ihr Getanes niemals Gedanken verwenden; ohne sich zu erinnern, kann sie jedoch nichts

70 LG 15.

zurückhalten. Erst das Erinnern (Denken an eigene vergangene Angelegenheiten) bedeutet für Menschen, sich in die Dimension der Tiefe zu begeben, Wurzeln zu schlagen und sich so selbst zu stabilisieren. Das größte Böse ist nicht radikal, es hat keine Wurzeln und deshalb keine Grenzen; es kann sich ins unvorstellbar Extreme entwickeln und sich über die ganze Welt ausbreiten (ÜB 77). Hier erläutert Arendt schlüssig, dass man sich mittels des Gewissens an seine Untaten erinnern muss, um sie zukünftig zu vermeiden – sowohl zum Wohl der Welt wie zum eigenen. Das Erinnern verhindert das Böse in der Welt, allerdings nur, wenn man bereit ist, sich zu erinnern. Dazu ist der Übeltäter nicht bereit, er scheut das Erinnern. Also hält ihn keine Reue zurück und er wird weiterhin in der Welt Böses tun.

Hält man sich allerdings vor Augen, dass Arendt das Denken – und Erinnern ist auch bei Arendt Denken, denn zum Erinnern bedarf es nicht der Präsenz der Vielen – aus der Welt der Erscheinungen verbannt und außerdem dafür sorgt, dass die Resultate des Denkens – Selbstzufriedenheit[71] oder Reue[72] – keinen Eingang in die Welt finden, in der man nie allein ist und viel zu beschäftigt, um Denken zu können (LG 192), dann wird es schwierig, denn das Denken kann das Böse in der Welt nicht verhindern, solange das Selbst als Subjekt in der Welt nicht wirksam oder ursächlich sein kann. Das Denken kann den Menschen zwar dazu konditionieren, das Böse – für sich selbst – zu lassen. Aber der Denker, der auf diese einzige Gewissensvorschrift hört,[73] ist nicht in der Welt, und kehrt er in die Welt zurück, wird er nicht als »gedanklich Bestimmter« zum Mitglied des Wir. Er wird zum Zusammen-Handelnden oder Mit-Urteilenden, aber nicht zum Mit-Lassenden. Der Übertäter hingegen ist jemand, der sich nie zeitweilig aus der Welt der Erscheinungen zum Denken zurückzieht. Ihn erreicht die Gewissensvorschrift, das Böse zu lassen, gar nicht. Und wer sich nicht erinnert, wird weiterhin Böses tun, denn der Ort des Denkens (außerhalb der Welt) ist ein anderer als der Ort des Nicht-Denkens (innerhalb der Welt). So entsteht das Dilemma, dass der Nachdenkende zwar das Böse lassen wird, aber als Denker in der Welt nicht existent ist und in ihr nicht wirksam werden kann,

---

[71] Das Ergebnis des Gewissens ist Selbstzufriedenheit, weshalb das Selbst nichts tun sollte, was verhindert, dass die Zwei-in-Einem Freunde sind (LG 190).

[72] Reue besteht darin, nicht zu vergessen, was man getan hat, indem man sich erinnert (ÜB 75).

[73] »Hüte dich davor, irgend etwas zu tun, mit dem du dann nicht leben kannst«, ZU 292.

während der Übeltäter die Welt nie verlässt und deshalb – weil er nicht nachdenkt und sich nicht erinnert – auch weiterhin Böses tun wird. Denken soll das Böse in der Welt verhindern, aber Gedanken werden nicht wirksam, weil das Selbst als Subjekt des alleinigen Handelns in der Welt nicht existiert.

Lügen ist politisch, Wahrheitssagen gerade nicht

Besonders am Gegensatzpaar Wahrheit – Lüge bzw. Wahrheitssagen – Lügen lässt sich zeigen, dass Arendt politische Begriffe aus philosophischen entwickelt, indem sie den philosophischen Gehalt in einen politischen umkehrt. Für die Entgegensetzung finden sich im *Denktagebuch* erste Hinweise: Wahrheit zwingt (ist notwendig); in der Lüge ist auch Freiheit (DTB 617). Wahrheit ist das oberste Kriterium des Denkens, nicht des Handelns (Freiheit) oder des Herstellens (Schönheit) (DTB 622). Man kann lügen; könnte man nicht lügen, wäre man nicht frei (DTB 624). Politische Wahrheit bezieht sich auf Ereignisse und Tatsachen: »was wir nicht ändern können. Außer durch Lügen und Wirklichkeitsverlust.« Philosophische Wahrheit bezieht sich auf das, was nicht anders sein kann, als es ist. Das Objekt der politischen Wahrheit hat immer auch anders sein können (DTB 707 f.).

Der zentrale Text für die Lüge als politisches Handeln ist *Wahrheit und Politik* (auf den sich zum Teil auch die Zitate aus dem *Denktagebuch* beziehen) und die zentrale Aussage des Textes lautet in unserem Zusammenhang: »Während das Lügen immer primär ein Handeln ist, ist das Wahrheitssagen, gleich ob es sich um Tatsachen- oder Vernunftwahrheiten handelt, dies gerade nicht.«[74] Der Lügner sagt, was nicht ist, weil er das, was ist, zu ändern wünscht. »Das heißt aber, dass unsere Fähigkeit zu lügen – aber keineswegs unser Vermögen, die Wahrheit zu sagen – zu den wenigen Daten gehört, die uns nachweislich bestätigen, dass es so etwas wie Freiheit wirklich gibt.«[75] Das einfache Sagen dessen, was ist, führt zu keinem wie auch immer gearteten Handeln (WuP 74).

---

74 WuP 73.
75 WuP 74.

An dieser Stelle spricht Arendt nicht von Vernunftwahrheiten, denn Vernunftwahrheiten betreffen das, was der Mensch nicht ändern kann (WuP 92). Tatsachen, die faktisch gegebene Wirklichkeit, lassen sich ändern, nach Arendt allerdings nur durch die Lüge, nicht jedoch durch das Wahrheitssagen. Nun ist es aber so, dass auch das Aussprechen von Wahrheiten die Wirklichkeit verändern kann. Als Beispiel sei die Klimakrise genannt. Hier ist es sogar so, dass das Wahrheitssagen die Welt eher verändern wird, als das Leugnen der Krise, also die Lüge, es gebe keine Krise, denn gibt es keine Krise, muss nichts geändert werden. In diesem Fall stoppt nicht das Wahrheitssagen das Handeln als Verändern, sondern die Lüge. Dass auch das Wahrheitssagen eine politische Bedeutung haben kann, räumt Arendt aber nur im Ausnahmefall ein, wie etwa in der totalen Herrschaft, in der alle lügen. Erst dann kann Wahrhaftigkeit zu einem politischen Faktor ersten Ranges werden: »Wo prinzipiell und nicht nur gelegentlich gelogen wird, hat derjenige, der einfach sagt, was ist, bereits zu handeln angefangen, auch wenn er dies gar nicht beabsichtigt.«[76]

Natürlich will Arendt nicht das Lügen als politische Tätigkeit etablieren. Ihre Aussagen sind deshalb leichter zu akzeptieren, wenn man sie methodisch als Umkehr der Philosophie betrachtet. Weil Philosophie für Arendt den Menschen im Singular – das autonome und ursächliche Individuum –, Wahrheitssagen, Notwendigkeit und Vernunft bedeutet, muss Politik das Gegenteil sein: nicht autonome Menschen im Plural, Lügen als eine Möglichkeit des Handelns, Zufälligkeit und gegebene Tatsachen.

Die Frage der Verantwortung

Den Begriff der Verantwortung verwendet Arendt zusammen mit dem Begriff der Schuld. Hierfür steht insbesondere der Text *Was heißt persönliche Verantwortung in einer Diktatur?*, in dem sie betont, dass Verantwortung und Schuld nicht politisch, sondern persönlich sind. Doch zunächst sei auf den Begriff der Verantwortung an zwei Stellen im älteren Text *Vita activa* hingewiesen. Arendt kommt dort auf die politische wie auf die moralische Verantwortung zu sprechen, die moralische entspricht der späteren persönlichen Verantwortung.

---

[76] WuP 75.

Die christliche Moral hat immer betont, dass man sich nur um das Eigentliche kümmern soll, dass *politische Verantwortung* eine Last ist und dass man die Bürde des Politischen ausschließlich um der Nächstenliebe willen auf sich nehmen darf, nämlich um die um ihr Seelenheil besorgten Gläubigen (die Vielen) *von der Sorge um die öffentlichen Angelegenheiten zu befreien* (VA 74 f.). Hier ist der Begriff der politischen Verantwortung nur ein Beispiel dafür, wie Moral, in diesem Fall die christliche, Politik deformiert.

Und auch die *moralische Verantwortung* erwähnt Arendt im Zusammenhang mit der Bedrohung des Politischen, hier durch das Herstellen, das das Ziel hat, Handeln überflüssig zu machen: Das Handeln hat eigene Aporien – die Unabsehbarkeit der Konsequenzen, das Nicht-wieder-rückgängig-machen-Können der einmal begonnenen Prozesse und die *Unmöglichkeit, für das Entstandene je einen Einzelnen verantwortlich machen zu können* –, die die Versuchung nahelegen, sich nach einem Ersatz für das Handeln umzusehen, damit der Bereich menschlicher Angelegenheiten doch noch von dem Ungefähr und der moralischen Verantwortungslosigkeit errettet werden kann, die sich aus der Tatsache der in jedes Handeln verstrickten Pluralität von Handelnden ergibt. Bei diesen Aporien geht es immer darum, das Handeln der Vielen im Miteinander durch eine Tätigkeit zu ersetzen, für die es nur Einen bedarf, der von Anfang bis Ende Herr seines Tuns bleibt. Die Aporien des Handelns lassen sich alle auf die Bedingtheit menschlicher Existenz durch Pluralität zurückführen, ohne die es weder einen Erscheinungsraum noch einen öffentlichen Bereich gibt. Daher ist der Versuch, der Pluralität Herr zu werden, gleichbedeutend mit dem Versuch, die Öffentlichkeit überhaupt abzuschaffen (VA 279). Wenn Arendt von moralischer Verantwortungslosigkeit spricht, meint sie folglich nicht das verantwortungslose Handeln eines Einzelnen, sondern umschreibt lediglich, dass der Einzelne in der unbestimmten und unbestimmbaren Pluralität in dem Sinn verantwortungs-los ist, als ihm in der Pluralität keine Verantwortung zugeschrieben werden kann, folglich kann er nicht zur Verantwortung gezogen werden – solange er mit den Vielen handelt. Dass im Politischen kein Einzelner – also niemand – verantwortlich gemacht werden kann, ist allerdings keine »Tatsache«, sondern beruht auf Arendts Prämissen, dass man erstens nicht alleine handeln kann und man zweitens nicht vom Selbst zum Wir kommt. Nur, wenn das Ganze ursprünglicher ist als seine Teile, kann gelten, dass niemand, der Teil des Ganzen ist, zur Verantwortung gezogen werden kann.

Im Text *Was heißt persönliche Verantwortung in einer Diktatur?* weist Arendt die Frage nach Schuld und Verantwortung dem Individuum zu: Beide, Schuld und Verantwortung, sind *persönlich*. Sie unterscheidet zwischen persönlicher und politischer Verantwortung. Jede Regierung übernimmt die politische Verantwortung für die Taten und Untaten ihrer Vorgängerin, jede Nation übernimmt die Verantwortung für die Taten und Untaten der Vergangenheit. Mit dieser Art der Verantwortung will sie sich hier aber nicht auseinandersetzen (PVD 22 f.). Die Frage nach der (deutschen) Kollektivschuld ist in ihren Augen keine politische, denn so etwas wie kollektive Schuld oder kollektive Unschuld gibt es nicht; der *Schuldbegriff* hat nur Sinn, wo er auf *Individuen* angewendet wird (PVD 24). Die Frage der Kollektivschuld wehrt sie auch mit dem Argument ab, dass niemand schuldig ist, wenn alle schuldig sind (PVD 14).[77] Im Unterschied zur juristischen Verantwortlichkeit hat sich die Frage der *persönlichen Verantwortung* nur für jene gestellt, die keine überzeugten Anhänger des Regimes gewesen sind (PVD 32). Man muss aber zugestehen, dass es extreme Situationen gibt, in denen man *Verantwortung für die Welt,* die primär *ein politisches* Gebilde ist, nicht übernehmen kann, weil politische Verantwortung immer zumindest ein Minimum an politischer Macht voraussetzt. Ohnmacht und absolute Machtlosigkeit sind eine stichhaltige Entschuldigung (PVD 48).

Ich nehme an, dass Arendt Folgendes sagen will: Weil niemand alleine handeln kann, kann aus Handeln keine politische Verantwortung erwachsen, denn eine einzelne Ursache lässt sich im Politischen nicht benennen. Die Frage ist aber, ob diese Argumentation – niemand kann alleine handeln, aber Verantwortung für Gehandeltes ist persönlich – überzeugt oder ob sich Arendt nicht unbeabsichtigt der Gefahr aussetzt, die Mitläufer, sofern sie sich in der Mehrheit befinden, von Verantwortung und Schuld freizusprechen. Es zeigt sich außerdem, dass man auch alleine handeln können muss, wenn Verantwortung persönlich sein soll.

---

[77] In *Vom Leben des Geistes* wiederholt Arendt dieses Argument im Hinblick auf Martin Heidegger: »Offenbar kam Heidegger nie auf den Gedanken, wenn er alle Menschen, die auf die ›Stimme des Gewissens‹ hören, für gleich schuldig erkläre, so erkläre er eigentlich alle für unschuldig: wenn jeder schuldig ist, ist es keiner« (LG 411). Arendt kritisiert den Umstand der pauschalen Entlastung. Aber geht sie nicht genauso vor, wenn sie die Kollektivschuld ablehnt?

Die quasi politische Funktion des ansonsten unpolitischen Gewissens: Nicht-Mitmachen in politischen Ausnahmesituationen

In allen Texte Arendts gilt: Der Bürger, der sich auf sein Gewissen beruft, das gute Selbst, handelt nicht zusammen mit den Anderen; weil er nicht mitmacht, entzieht er sich der politischen Alltagsgemeinschaft, die Arendt mal das »man«, mal die Vielen oder das Wir nennt. In politischen Normalsituationen sind diese Menschen ohne jede Relevanz. Von Bedeutung sind die »Nicht-Mitmachenden« erst in politischen Notlagen oder Ausnahmesituationen.

Eine solche Ausnahmesituation schildert Arendt in *Was heißt persönliche Verantwortung in einer Diktatur?*, hier stellt sie den Überzeugungstätern und Mitläufern die aus Gewissensgründen Nicht-Mitmachenden gegenüber. Diejenigen, die nicht teilnahmen, waren die Einzigen, die es wagten, selbst zu urteilen. Aber zu dieser Urteilsbildung waren sie nicht deshalb in der Lage, weil sie ein besseres Wertesystem hatten (PVD 45). Die, die nicht mitmachten, stellten sich die Frage, inwiefern sie mit sich selbst zusammenleben konnten, wenn sie bestimmte Taten begingen. Wenn sie also bestimmte Taten nicht begingen, dann nicht, weil sie dadurch die *Welt zum Besseren verändern* wollten, sondern weil sie nur unter diesen Bedingungen mit sich selbst weiterleben konnten. Arendt betont: »Um es deutlich zu sagen: Nicht weil sie das Gebot ›Du sollst nicht töten‹ streng befolgt hätten, lehnten sie es ab zu morden, sondern eher deshalb, weil sie nicht willens waren, mit einem Mörder zusammenzuleben – mit sich selbst.«[78]

Dass Arendt dem Gewissen nur Eigennutz unterstellt, ist insofern von Bedeutung, als sie sehr wohl auch die im Blick hat, von denen sie glaubt, dass sie vom verbrecherischen Tun angewidert waren. Diese Menschen, die die Welt retten wollten, aber nicht konnten, spricht sie von Verantwortung frei, denn politische Verantwortung erfordert ein Mindestmaß an politischer Macht (PVD 48). Das Kriterium, das Arendt hier einseitig zuschreibt, ist die Sorge um die Welt. Die Einen sorgen sich um die Welt, sind aber ohnmächtig und damit zur Tatenlosigkeit verdammt; die Anderen begehen keine bösen Taten, sind aber nicht an der Welt, sondern letztlich nur an sich selbst interessiert. Das ist keine plausible Unterscheidung, denn fragt man

---

[78] PVD 46.

nicht nach der Motivation, kann man nur beobachten, dass beide nichts Böses tun. Wie will man dann aber den aus Gewissensgründen Nicht-Mitmachenden vom Mitläufer unterscheiden? Indem Arendt – ganz gegen ihre sonstige Gewohnheit – nach der Motivation fragt bzw. Motivation zuschreibt, wertet sie die Mitläufer gegenüber den Nicht-Machenden auf, weil die Mitläufer nach ihrem Verständnis die ohnmächtige Mehrheit nicht verlassen, während sich die Nicht-Mitmachenden aus der Mehrheit entfernen.

Eine neutrale, nicht erkennbar diktatorische Ausnahmesituation, in der die Nicht-Machenden eine gewisse Rolle spielen, schildert Arendt auch im Kapitel »Zwei in einem« des Spätwerks. Sie erläutert, dass das Denken keine besondere politische Bedeutung hat, außer in speziellen Situationen. Mit Denken meint sie das Gewissen, dessen moralisches Nebenergebnis Selbstzufriedenheit ist (LG 190), denn der Gedanke, dass man mit sich selbst leben können muss, tritt politisch nur in Grenzsituationen in Erscheinung. Zugleich sind es erst die politischen Notlagen, die einen veranlassen, über *mehr als das eigene Leben* nachzudenken (LG 191). Dadurch, dass die Denker nicht mitmachen, bei dem, was alle tun, sind sie nicht zu übersehen und stehen nicht länger im Hintergrund. Ihre Weigerung wird zu einer Art Handeln. In Notlagen erweist sich das Sokratische Denken – das Arendt üblicherweise mit dem unpolitischen Gewissen gleichsetzt – als mittelbar politisch, weil es befreiend auf das Vermögen der Urteilskraft wirkt, das man das politischste der geistigen Vermögen des Menschen nennen kann (LG 191) und das das Denken in der Erscheinungswelt zur Geltung bringt (LG 192).

Wie es zur politischen Notlage kommt, ist allerdings nicht ersichtlich. Wörtlich schreibt Arendt: »Wenn jeder gedankenlos mitschwimmt in dem, was alles andern tun und glauben, dann stehen die Denkenden nicht mehr im Hintergrund, denn ihre Weigerung ist nicht zu übersehen und wird damit zu einer Art Handeln. In solchen Notlagen …«[79] Man könnte meinen, dass sich die Denkenden deshalb weigern, mitzumachen, weil das, was alle tun, verbrecherisch ist. Meines Erachtens ist das aber nicht Arendts Punkt. Die hier beschriebene Situation ist nicht die der Nicht-Mitmachenden in einer Diktatur. Die Denkenden sind vielmehr die, die sich selbst dem Handeln entzogen haben, weil sie gewohnheitsmäßig lieber denken als handeln. Indem sie stillstehen, werden sie zum Stolperstein im

[79] LG 191.

Prozess des gemeinsamen Handelns, und die, die gedankenlos mitschwimmen, werden, weil sich die Denkenden nun als Hindernis erweisen, aufgeschreckt. Sie müssen für einen kurzen Moment innehalten, um zu schauen, warum da plötzlich ein Hindernis ist und wie sie es umgehen können. Und in diesem Moment wird ihre eigene Urteilskraft geweckt oder herausgefordert. Indem sie sich irritieren lassen, beginnen sie darüber nachzudenken, warum sich wohl die Denkenden weigern, mitzumachen, und es setzt ein Gedankengang ein, der sich nicht um das Selbst dreht, sondern um die Welt und ihren Zustand, was ihn mittelbar politisch macht, denn sein Ergebnis muss als Beifall oder Missfallen mitgeteilt werden.

Damit stünde Arendt aber vor dem Problem, dass hier das Denken dem Handeln vorausginge, wenn auch nur in »politischen Notlagen« und indirekt. Außerdem käme man, weil man die Denker identifizieren könnte, vom Selbst zum Wir: Das bestimmte Selbst wäre Ursache in der Welt und das Wir setzte sich aus bestimmten »Selbsten« zusammen, wäre also selbst bestimmt und nicht gegeben.

Wie kann es politische Ausnahmesituationen in einer gegebenen Welt überhaupt geben?

Die Fragen, die sich hier stellen, lauten deshalb: Kann es politische Notlagen oder Ausnahmesituationen überhaupt geben, wenn sich das Wir durch Zusammen-Handeln bildet und wenn Urteilen als das öffentliche Bekunden von Gefallen und Missfallen verstanden wird und es somit gar keinen alleinigen Denker geben kann? Wenn das Wir zuerst als handelndes, dann als urteilendes Ganzes vorgängig ist, was veranlasst dann den Menschen, als Mitglied des Wir, nicht zu handeln oder zu urteilen, sondern zu denken? Woher weiß das Mitglied des pluralen Wir, dass es ein weiteres Vermögen hat, das seinem ursprünglichen Vermögen entgegengesetzt ist? Wie lässt sich also erklären, dass es Denkende überhaupt gibt? Schließlich sind die Denkenden nicht etwa Zuschauer, die ihr Missfallen kundtun; Denker bedenken – auch im Spätwerk – nicht den Zustand der Welt, sondern die Frage, ob sie mit sich selbst leben können, und das ist eine Gewissensfrage, die zu Selbstzufriedenheit führt.

Politische Situationen, in denen »gute Menschen« (das sind *aus Gewissensgründen Nicht-Mitmachende), relevant* werden, nennt Arendt: »Ausnahmesituationen«, »Krisenzeiten« (ÜB 117); »Notsituationen« (ZU 293); »spezielle Situationen (LG 190); »politische Notlagen« (LG 191). Genau genommen gilt die Ausnahmesituation nur für den Rechtsstaat, in dem sie eben die Ausnahme von der Regel ist. Ein Unrechtsstaat macht die Ausnahme zur Regel. Die Frage ist also, was die Ausnahme genau ist. In einem Unrechtsstaat endet in ihr politische Freiheit (PVD 29). Politische Freiheit endet, sobald es entweder kein Wir mehr gibt oder die Möglichkeit auf die Ausrichtung auf menschliche Angelegenheiten fehlt. Anders die Ausnahmesituation in einem Rechtsstaat: Vom Nicht-Mitmachen aus Gewissensgründen unterscheidet Arendt den zivilen Ungehorsam. Ziviler Ungehorsam tritt niemals als Handlung eines einzelnen Individuums in Erscheinung. Der Protagonist des zivilen Ungehorsams kann nur als Mitglied einer Gruppe auftreten, weshalb ziviler Ungehorsam erst Bedeutung gewinnt, wenn er von einer Anzahl von Menschen ausgeübt wird, die eine Interessengemeinschaft bilden, die weniger durch ein gemeinsames Interesse als durch eine gemeinsame Meinung zusammengehalten wird (ZU 286). Gewissensgründe eines Einzelnen sind hingegen moralische Imperative und Appelle an ein innerweltliches oder transzendentes »höheres Gesetz« und somit in ihrem individualistischen Zuschnitt subjektiv (ZU 287). Zwar kann die Verweigerung aus Gewissensgründen politische Bedeutung erlangen, nämlich dann, wenn sich Menschen, die in ihrem Gewissen übereinstimmen, zusammentun und an die Öffentlichkeit gehen. Dann hat man es aber nicht mehr mit Einzelpersonen zu tun. Mit dem *Zusammenschluss* und der *Veröffentlichung* auf dem Forum der Öffentlichkeit werden aus den Stimmen des Gewissens Meinungen, die sich von anderen Meinungen nicht unterscheiden lassen. Ihre Macht ist nicht vom Gewissen, sondern von der Zahl derer abhängig, die sie teilen (ZU 295).

Es erstaunt nicht weiter, dass in einem Rechtsstaat aus Gewissensgründen Nicht-Mitmachende für Arendt zwar keine guten Bürger, sondern (bloß) gute Menschen sind.[80] Erstaunlich ist hingegen ihre bereits dargelegte Einordnung der aus Gewissensgründen Nicht-Mitmachenden in einem Unrechtsstaat (PVD 46): Die Nicht-Mitmachenden entziehen sich der Öffentlichkeit, was aus der Sicht der Mehrheit unverantwortlich ist (PVD 45). Hier zeigt sich sowohl systemisch wie normativ das Dilemma der gegebenen Welt. Wenn die Welt gegeben ist, ist das Wir des Rechtsstaates ebenso gege-

[80] Zur näheren Unterscheidung siehe ZU 290.

ben wie die Mehrheit des Unrechtsstaates. Und das Wir bzw. die Mehrheit hat eine höhere Bedeutung als der aus Gewissensgründen Nicht-Mitmachende. Nicht einmal in einem Unrechtsstaat, in dem es mit Arendt eine politisches Mehrheit im eigentlichen Sinn gar nicht geben kann, hat das Individuum, das der Welt Gutes tut, indem es das Böse lässt, ein höheres Gewicht als die sich dem Unrecht nicht widersetzende Mehrheit.

Was müsste Arendt tun, um diesem Dilemma zu entkommen? Sie müsste zugestehen, dass das Selbst auch die Welt mitdenken und das Böse um der Welt willen lassen kann und man somit vom Selbst zum Wir kommt. Es muss mit anderen Worten eine *Wechselwirkung* zwischen Selbst und Wir geben. Dann könnte das autonome Individuum in einer dysfunktionalen Welt eine Ursache zum Positiven sein, während es in einer funktionalen Welt keinen Schaden anrichten könnte. Und dann ließen sich in ihre politische Konzeption auch die einordnen, denen Arendt in den hier herangezogenen Texten so gut wie keinen Raum gibt: Gewissenstäter oder Widerstandskämpfer.[81] Oder anders ausgedrückt: Erst, wenn es beim Handeln nicht mehr auf die Vielzahl ankommt, sondern auf den selbst bestimmten Inhalt auch einer einzelnen Handlung, sind politische Ausnahmesituationen überhaupt verständlich.

Das Handeln – doch ein geistiges Vermögen?

Mit den letzten Zeilen des zweiten Bandes des Spätwerks deutet sich eine Wendung an, mit der es denkbar wird, dass Arendt das *Handeln* als *geistiges Vermögen* versteht. Damit wäre der *Ursprung des Handelns im einzelnen Menschen,* wenn er auch immer noch nicht alleine etwas in der Welt ausrichten könnte.

Woher nehme ich diese alles bisher Gesagte auf den Kopf stellende Vermutung? Arendt betont, sich auf Augustinus beziehend, dass die politische Theorie dem politischen Handeln dienen soll. Handeln ist die *Fähigkeit zum Anfangen* (LG 442), das im Geborensein als Tatsache und nicht in der Kreativität als Gabe wurzelt. Es scheint so, als seien wir zur Freiheit verurteilt, indem wir geboren sind, ob wir

[81] Lediglich in *Ziviler Ungehorsam* können Sokrates und Thoreau als Gewissenstäter gelten, die allerdings gegenüber denen, die zivilen Ungehorsam leisten, herabgesetzt werden.

nun die Freiheit lieben oder uns lieber dem Fatalismus zuwenden (LG 442 f.). Der letzte Satz von *Vom Leben des Geistes* lautet: »Dieser tote Punkt, wenn es denn einer ist, lässt sich einzig mittels eines *weiteren geistigen Vermögens* überwinden, nicht weniger geheimnisvoll als das Vermögen zum Beginnen: der Urteilskraft, deren Analyse uns mindestens lehren könnte, was es mit unserem Gefallen und Missfallen auf sich hat.«[82]

Mir geht es hier nicht um die (öffentliche) Urteilskraft, sondern um die Formulierung »ein weiteres geistiges Vermögen« in Verbindung mit »Fähigkeit zum Anfangen«, die das Handeln ist. Die Passage dient zur Überleitung auf den geplanten dritten Band »Das Urteilen«, in dem Arendt die Urteilskraft als Ausdruck von Gefallen und Missfallen behandeln wollte. Betrachtet Arendt nun das Handeln als ein geistiges Vermögen oder zumindest als ein Vermögen, das über die eigene Urteilskraft im je Einzelnen beginnt?[83] Mit der *Verlegung des Anfangs des Handelns in den Geist des Menschen* könnte das Selbst alleine handeln. Weil es alleine handeln könnte, könnte es mit Fug und Recht persönlich zur Verantwortung gezogen werden. Sein Denken könnte auch der Welt dienen, und weil nun die Gedanken in der Welt wirksam wären, könnte das Denken verhindern, dass der Welt Böses widerfahren würde. Mit anderen Worten: Die bereits geforderte Wechselwirkung wäre ermöglicht. Das widerspricht aber allen systemischen Hürden, die Arendt auch im Spätwerk aufstellt: Das Ganze – Pluralität, Handeln – geht dem Teil – Singularität des Denkens – voraus (LG 426 f.). Das Denken ist also nicht die Ursache des Handelns. Es hat nur moralische Nebenwirkung, aber keine politische Relevanz (LG 190 f.). Autonomie und Ursächlichkeit sind metaphysische Irrtümer (LG 35), die durch die Umkehr der metaphysischen Hierarchie (LG 36) ins Politische behoben werden können: Die Wirkung/Oberfläche ist nun vorrangig, die Ursache/das Innere nachrangig. Der Mensch ist nicht zuerst ein Vernunftwesen, Vernunft ist nicht sein höchstes Vermögen (LG 94). Der Gemeinsinn ist zwar kein ausdrücklicher Welt-Sinn mehr, aber ein Wirklichkeitssinn (LG 59 ff.); das Denken bleibt über sein Ergebnis der Selbstzufriedenheit ein Selbst-Sinn (LG 190). Beim Denken ist man immer alleine, in der Welt ist man nie alleine und viel zu beschäftigt, um denken zu können (LG 192). Alleine kann man außerdem nicht handeln (LG 427).

---

82 LG 443, Hervorhebung A. S.

83 Das Denken bereitet das Selbst auf die Rolle des Zuschauers vor (LG 422).

Nichts davon lässt den Schluss zu, Arendt verlege am Ende ihrer Überlegungen auch nur den kleinsten Anfang des Handelns in den Geist des Menschen. Die Wahrscheinlichkeit, dass es sich bei »einem weiteren geistigen Vermögen« in Kombination mit »Fähigkeit des Anfangens« bloß um eine sprachliche Ungenauigkeit handelt, ist also und bedauerlicherweise sehr hoch.

Die fehlende Wechselwirkung zwischen Selbst und Wir

Bei der Frage, wie das vorgängige Wir und das nachfolgende Selbst zusammenhängen, gibt es eine besondere Schwierigkeit, denn Wir und Selbst sind keine Gleichen: Weil man kaum weiß, wie das Wir entsteht – es entsteht, wo immer Menschen zusammenleben (also überall), die Urform ist die auf Konsens gegründete Familie, es zerfällt in zahlreiche Teile und in eine Vielfalt von Gemeinschaften, aber sein Anfang liegt in Dunkelheit und Geheimnis (LG 427 f.) – kann man es nicht bestimmen, obwohl das Selbst, das aus ihm folgt, ein bestimmtes ist. Zwischen bestimmtem Selbst und ursprünglichem, unbestimmten Wir besteht keine Wechselwirkung. Deshalb kann man zwar das Selbst ansprechen, nicht jedoch das Wir, um das es Arendt geht, denn ihre politische Theorie soll dem politischen Handeln dienen; Handeln kann nur das Wir, genau genommen ist das Wir Handeln. Wie kann aber eine Theorie dem Handeln dienen, wenn sie sich an niemanden wenden kann?

Soviel scheint klar: Arendt kommt es nicht auf den Einzelnen, das Subjekt, an. Es handelt nicht ein Einzelner, sondern Viele gemeinsam. Als »Gemeinsame« sind sie nicht identifizierbar. Handeln ist somit ein subjektloses Bezugsgeflecht. Es ist der reine Prozess des In-Beziehung-Seins und mit »rein« ist gemeint, dass die Subjekte (oder Teile oder Elemente), die üblicherweise einen Prozess in Gang halten, so wenig interessieren, dass man davon sprechen kann, dass sie nicht existent sind. Der Prozess, auf den es eigentlich ankommt, wird somit nicht von bestimmten Subjekten konstituiert. Vielmehr konstituiert er sich selbst zwischen beliebig austauschbaren Subjekten. Weil er sich nicht zwischen bestimmten und mit normativen Haltungen ausgestatteten Subjekten konstituiert, ist das Ergebnis des Prozesses des Handelns zwar eine Veränderung der Welt, aber keine normative, somit keine Verbesserung. Eine Theorie, die dem Handeln dienen soll, muss folglich lediglich dafür sorgen, dass Bewegung (Veränderung) überhaupt möglich ist. Die Richtung, die die Bewegung einschlagen kann oder soll, ist nicht von Interesse. Womit sich erneut die Frage stellt, wie Ausnahmesituationen überhaupt zustande kommen können.

Kritik des Primats der Politik

Arendt will keine Systemdenkerin sein. Dennoch ist sie es; ihre politische Theorie beruht auf festgeformten systemischen Prämissen, die im Primat des Politischen münden. Die Erklärung des Primats bzw. des Vorrangs enthält die Erwartung eines Nachrangigen, bei Arendt ist das die Philosophie. Wie ausgeprägt ihr Wille zur Vorrangstellung der Politik vor der Philosophie ist, zeigt sich in folgender Aussage: »Der schweigende Dialog indiziert Pluralität, aber Vorbild [ist] der Dialog mit einem Anderen. Nur weil ich mit Anderen sprechen kann, kann ich auch mit mir sprechen, d. h. denken.«[84] Weil Welt/Verstand »ursprünglich« ist, ist Geist/Vernunft nachrangig.

Man kann also nicht sagen, dass sich ihre politische Theorie aus einer eigenständig bestimmten Politik entwickelt, die ohne eine nachgeordnete Philosophie auskommt. Politik bestimmt sich vielmehr als Pluralität im Gegensatz zu Singularität, als Gesehen- und Gehört-Werden im Gegensatz zum Mit-sich-selbst-sein und als Gemeinschaft versus Individuum (DTB 535 f.).

Nimmt man den Konflikt hinzu, in dem sich nach Arendt die Politik gegen den Herrschaftsanspruch der Philosophie verteidigen muss, lautet die normative Absicht Arendts: Keine ursächliche Singularität in der Pluralität. Das erreicht sie vor dem Spätwerk mit den entgegengesetzten Lebensweisen. Im Spätwerk verhindert das der Primat der Politik: Singuläres folgt zwar aus der Pluralität, in der ursprünglichen Pluralität ist jedoch nichts Singuläres enthalten. Das Selbst kann sich nur als denkendes Ich aus der Welt zurückziehen, kehrt es in die Welt zurück, wird es augenblicklich Teil des unbestimmten pluralen Wir. Also kann Singuläres nicht ursächlich sein.[85]

Der Primat der Politik wird durch die »Umkehr der metaphysischen Hierarchie« erreicht. Philosophie/Singularität wird in Politik/Plura-

---

84 DTB 688.

85 Der Primat der Politik galt aber auch schon vor dem Spätwerk, denn nur die politische Sphäre besaß Wirklichkeit.

lität umgekehrt. Das Ergebnis der Umkehr – der Primat der Politik – lautet: Gegebene Welt (sichtbar Erscheinendes, Oberfläche, Wirkung) *vor* autonomem Individuum (Unsichtbares, Inneres, Ursache).

Im Altgriechischen setzt sich das Wort »Hierarchie« aus »heilig« und »herrschen« zusammen und bezeichnet den gestuften Weg von Gott zu den Geschöpfen und von diesen zurück zu Gott.[86] Bei Arendt steht nicht Gott an der Spitze der metaphysischen Hierarchie, sondern das autonome Individuum, das über die Vielen herrschen will. Wenn sie in ihrer politischen Theorie den Vorrang (Primat) der Vielen vor dem nachrangigen Selbst behauptet, ist auch das eine Umkehr, nämlich die der Herrschaft des Einen in den Vorrang der Vielen. Die Vielen sind ursprünglicher als der Eine. Bei Arendt bedeutet Primat also nicht nur »Vorrang«, sondern auch »ursprünglich« oder »zuerst«. Anders ist es nicht zu verstehen, dass Denken aus Sprechen folgen soll.

Die Umkehr der metaphysischen Hierarchie in den Primat der Politik ist vor allem die Umkehr der Ursache in die gegebene Welt. Im Primat ist die Welt nicht verursacht, man kann die Welt nicht auf ihre einzelnen Verursacher zurückführen. Was ursprünglicher ist, kann außerdem nicht durch die Nachfolgenden verbessert, genau genommen nicht einmal verändert werden. Das aus der Welt folgende Selbst kann die ursprünglichere Welt bzw. Wirklichkeit nur dank seiner »Willensmacht des Geistes« bejahen oder verneinen (LG 427). An der Gegebenheit der Welt ändert das jedoch nichts.

Arendt muss die Welt als gegeben setzen, will sie verhindern, dass ein einzelner Mensch in ihr ursächlich sein kann. Die Absicht ist verständlich: Indem Arendt das Kausalprinzip aufhebt und die Wirkung als Primat setzt, ist die Wirkung ursprünglicher als die Ursache; die Wirkung existiert auch ohne Ursache. Logisch ist das jedoch nicht möglich. Das liegt auch daran, dass bei Arendt der Primat keine Gleichheit impliziert. Es kann nur die Rangfolge von Gleichen umgekehrt werden, Ungleiche können nicht umgekehrt werden.

Ein weiteres logisches Problem ergibt sich bei der Frage nach dem Ort der geistigen Tätigkeiten Denken, Wollen und Urteilen: Das Wollen schafft den Charakter des Selbst (LG 422) durch bewusste Entscheidungen zwischen Verhaltensmöglichkeiten, die die Welt bietet (LG 46). Beim Wollen ist das Selbst also in der Welt. Das Denken

---

86 *Historisches Wörterbuch der Philosophie*, Bd. 3, Sp. 1123 f.

des Selbst als denkendes Ich verortet Arendt jedoch außerhalb der Welt der Erscheinungen. Kehrt das Selbst in die Welt zurück, ist es viel zu beschäftigt, um Denken zu können. Denken vollzieht sich also nie in der Welt. Aber Arendt sagt auch, dass das Denken erstens zwei Nebenprodukte hat, Gewissen und Urteilskraft (LG 192), und dass es zweitens das Selbst auf die Rolle des Zuschauers vorbereitet (LG 422). Da der Zuschauer in der Welt ist, der Denkende jedoch nicht, stehen wir hier vor dem Problem, dass Denken einmal außerhalb der Erscheinungswelt und einmal in der Welt vollzogen werden soll. Das Problem löst sich auch dadurch nicht, dass wir das Denken des Zuschauers als Urteilskraft betrachten. Nun werden zwar die Urteilskraft (des Zuschauers) und das Wollen (das den Charakter schafft) in der Welt vollzogen, aber das Denken (als Gewissen) nicht, und doch sind alle drei geistige Vermögen. Entweder müssten also auch Urteilskraft und Wollen außerhalb der Welt vollzogen werden oder Denken auch innerhalb der Welt. Verlegt man das Denken in der Welt, hätte das für Arendt allerdings unerwünschte Folgen: Weil nun das Selbst auch alleine handeln könnte, würde es zur Ursache in der Welt, wodurch die Welt nicht länger gegeben wäre.

Wenn die Welt gegeben und unverbesserlich ist, kann Handeln zwar weiterhin Verändern bedeutet, aber die Veränderung ist in jedem Fall beliebig. Es ist einfach eine sichtbare Bewegung, über die nichts weiter ausgesagt werden kann. Weder kann man sagen, wer die Bewegung verursacht hat, noch welche absehbaren Folgen oder Wirkungen sie haben wird. Um was geht es dann aber in einer Theorie, die dem politischen Handeln dienen soll? Eher nebenbei werden wir darauf aufmerksam gemacht, dass eine politische Theorie nicht über subjektlose und inhaltlich unbestimmte Bezüglichkeit gebildet werden kann. Sie braucht aus systemischen Gründen ein (autonomes = selbstgesetzgebendes) Subjekt, das auch alleine handeln kann, damit es überhaupt gemeinsam handeln kann.

Eine politische Theorie benötigt außerdem eigenständige qualitative Bestimmungen und Kriterien. Solange die Bestimmung der Politik nicht eigenständig erfolgt, ist der Primat der Politik die »positive« Negation der Philosophie. Indem Arendt ihrer politischen Theorie nicht zuerst ein eigenes normatives System gibt, sondern sie als das Gegenteil (oder im Gegensatz zu) einer anderen Theorie konzipiert, bleibt ihre politische Theorie immer auf Philosophie bezogen, von der sie sich doch lösen will, und Philosophie diktiert auf negative Weise, was Politik zu sein hat. Politik als Anti-Philosophie bleibt Philosophie.

Neben dieser eher formalen Kritik ist auch folgender inhaltlicher Aspekt zu berücksichtigen: Die Umkehr der metaphysischen Hierarchie hat ihren Ausgangspunkt im autonomen Individuum und mündet im Primat der Politik. Sie dient der Elimination des Individuums oder – was bei Arendt dasselbe ist – der Autonomie. *Der Verlust der Autonomie* – Autonomie verstanden als Selbstgesetzlichkeit eines jeden Menschen und nicht als Unabhängigkeit von Anderen – *ist der Preis für Arendts Primat des Politischen,* denn der Primat des Politischen macht es unmöglich, dass »der Mensch« aus sich heraus als Repräsentant der Menschheit existiert; ebenso macht er es unmöglich, dass jeder Mensch die Welt mitdenken und alleine handeln kann. Wer diesen Preis nicht zu zahlen bereit ist – wer also an der Autonomie des Menschen festhalten will, die es ermöglicht, dass der Mensch selbstgesetzlich als Repräsentant der Menschheit existiert, die Welt mitdenken und auch alleine handeln können muss, will er mit Anderen gemeinsam handeln –, darf sich genaugenommen nicht auf Hannah Arendt berufen, denn beruft man sich auf Arendt, stimmt man den Prämissen ihrer politischen Theorie, dass »der Mensch« nicht autonom ist, die Welt nicht mitdenken und nicht alleine handeln kann, zu.

Glossar

Das Glossar ist unter dem Aspekt des Dualismus von Philosophie und Politik bei Hannah Arendt zusammengestellt, ohne Anspruch auf Vollständigkeit zu erheben. Um zu verstehen, wie Arendt Begriffe verwendet, muss man sich vor Augen halten, dass sie strikt den politischen Standpunkt einnimmt. Sie steht nicht auf einem neutralen Standpunkt, von dem aus sie gleichermaßen die philosophische wie die politische Sphäre betrachtet, sondern bezieht vom Standpunkt der Welt das Philosophische auf das Politische. Philosophische Begriffe sind Gegenbegriffe zum Politischen.

An einigen Begriffen lassen sich die systemischen Schwierigkeiten der zwei Lebensweisen bzw. des Primats der Pluralität besonders gut verdeutlichen (beispielsweise am Begriff des Bösen), einige lassen sich besser verstehen, wenn man ihre systemische Funktion betrachtet (z. B. die Lüge). Während es sowohl unstrittig rein politische Begriffe (Pluralität, Handeln, Gemeinsinn) wie rein philosophische oder unpolitische Begriffe (Singularität oder Denken bzw. Gewissen bzw. Vernunft) gibt,[87] gibt es auch Begriffe, die sowohl eine politische wie eine philosophische Bedeutung haben können (z. B. Freiheit) und bei denen man auf den Kontext achten muss. Einige Begriffe lassen sich außerdem nicht eindeutig zuordnen, weil sie zwar philosophisch/singulär sind, aber von Arendt in Bezug auf die Welt, also auf die Politik, verwendet werden, in der Singuläres nicht vorkommen kann; das Böse, das Wahrheitssagen und die Verantwortung mögen hier als Beispiele dienen. Zu guter Letzt verändern alle philosophischen Begriffe im Spätwerk ihre Bedeutung: Vor dem Spätwerk sind es Gegenbegriffe zum Politischen, im Spätwerk werden sie nachrangig, sie folgen aus dem Politischen; ohne das Politische gäbe es sie nicht. Das gilt auch für das Selbst. Es ist nun nicht länger der philosophische Gegenbegriff zum politischen Bürger, sondern folgt aus dem Wir, das dem Selbst vorausgeht.

---

87 »Philosophie und Politik – oder spekulative Vernunft und Gemeinverstand …« (DTB 675).

Das Glossar soll auch zeigen, dass Arendts politische Theorie nicht auf eigenständigen politischen Begriffen beruht, da sich kaum ein politischer Begriff ohne die Hinzunahme seines philosophischen Gegenspielers erläutern lässt. Ihre politischen Begriffe lassen sich also nicht ohne das übliche Verständnis von philosophischen Begriffen verstehen. Weil Arendt philosophische Begriffe politisch liest, verschiebt sich aber zugleich der philosophische Bedeutungsgehalt des Begriffs. Im Kontext der politischen Theorie Arendts kann man ihn nicht länger philosophisch neutral lesen; der philosophische Begriff verliert seine Eigenständigkeit und wird zum negativen Pendant eines politischen Begriffs.

Im Glossar werden auch deshalb Begriffe fehlen, weil sie sich (mir) nicht erschließen wollen. Als Beispiel sei der Begriff der Natalität oder Gebürtlichkeit genannt, mit dem Arendt ausdrückt, dass etwas Neues in die gegebene Welt kommt. Die Geburt (oder das Geborensein) bezieht Arendt noch auf den letzten Seiten von *Vom Leben des Geistes* auf Augustinus, der ihn mit dem Anfangen verbinde: Augustinus führe aus, dass Gott den Menschen als zeitliches Wesen geschaffen habe. Der einzelne Mensch verdanke sein Leben nicht einfach der Vermehrung, sondern der Geburt, dem Eintritt eines neuen Geschöpfs, das mitten im Zeitkontinuum der Welt – »die immerwährende Veränderung« (LG 199) – als etwas Neues erscheine. »Die ganze Fähigkeit zum Anfangen wurzelt im *Geborensein* und gar nicht in der Kreativität, nicht in einer Gabe, sondern in der Tatsache, dass Menschenwesen, neue Menschen, wieder und wieder durch die Geburt in der Welt erscheinen.«[88] Weiter führt sie aus, dass das Augustinische Argument nur zu besagen scheint, dass wir, indem wir geboren, zur Freiheit verurteilt sind. Dieser tote Punkt lässt sich einzig mittels eines weiteren geistigen Vermögens überwinden, das nicht weniger geheimnisvoll als das Vermögen zum Beginnen ist: der Urteilskraft (LG 443). Was als Überleitung zum dritten Band »Das Urteilen« gedacht war, erweist sich – weil der dritte Band fehlt – als unverständlich. Es ist zwar klar, dass Arendt mit dem Verwerfen des Geborenseins als Kreativität noch einmal deutlich machen will, dass das Anfangen nicht mit Kausalität eines Einzelnen in der Welt einhergeht. Es tritt nicht das autonome Individuum (das bei Arendt im Spätwerk bloß geistig ist) als ursächliches Erstes in die Welt ein, sondern ein neues – oder weiteres? – körperliches Selbst. Es geht

[88] LG 442 f.

also nicht um das Vermögen eines Einzelnen, sondern darum, dass durch das Geborensein immer wieder neue Menschen in der Welt erscheinen. Auch das Geborensein des Einzelnen bezieht Arendt noch auf die Welt oder betrachtet es vom Standpunkt der Welt aus. Dass immer wieder neue Menschen geboren werden, ist allerdings eine triviale Feststellung. Worin also liegt die Bedeutung des Anfangens, wenn Anfangen nicht ursächlich sein darf? Ich bin gewiss, dass Andere erkennen, was ich übersehe und das Glossar wo nötig korrigieren und ergänzen.

absolut

Philosophischer Begriff. Synonym zu autonom: unabhängig von Anderen; sich selbst – ohne, dass man erscheint – als existent setzend. Auch: vorgegeben. »Jedes Absolute zerstört die Politik.«[89]

autonom, Autonomie

Autonomie versteht Arendt nicht als Willensfreiheit. Vielmehr bedeutet Autonomie – vom politischen Standpunkt aus – *unabhängig von den Anderen zu existieren*. Autonomie ist somit in Arendts politischer Theorie ein rein philosophischer Begriff; als philosophischer Begriff betrifft er das Sein, nicht jedoch das Handeln. Das Synonym ist Singularität. Autonomie ist der Gegenbegriff zur politischen Pluralität.

das Böse, böses Tun, Bösewicht, Übeltäter

Beim Bösen ist es, ähnlich wie beim Guten, schwer zu sagen, ob Arendt den Begriff philosophisch oder politisch versteht. Weil Arendt vom Guten und Bösen als »Vorgegebenem« spricht, zwischen dem eine willentliche Entscheidung getroffen werden muss (WP 34, FP 205),[90] liegt nahe, dass sie das Böse oder böses Tun philosophisch versteht, denn der Wille ist ein geistiges Vermögen des Selbst und hat – als Wahlfreiheit bloß für das Selbst – keine politische Bedeutung.

---

89 DTB 631.

90 WP 34: »… Vorgegebenem, grob gesprochen: dem Guten und dem Bösen …«; FP 205: »… Vorgegebenem, dem Guten und Bösen …«. *Vor*gegebenes ist als äußere, verpflichtende und beherrschende Stimme zu verstehen.

In *Vita activa* erläutert sie die politischen Folgen des Bösen: es zerstört den zwischenmenschlichen Machtbereich, wo immer es in Erscheinung tritt. Böse Taten sind buchstäblich Un-Taten, sie machen alles weitere Tun unmöglich (VA 307 f.). Es ist sicher kein Zufall, dass Arendt von bösen Taten oder bösem Tun spricht, nicht jedoch von bösen Handlungen oder bösem Handeln. Weil das Böse den politischen Bereich zerstört, kann es nicht Handeln sein. In ihrer politischen Theorie muss es Arendt also auch um das Lassen des Bösen gehen. Dennoch nennt sie die Lüge, die doch wohl als Böses gelten kann, ausdrücklich ein Handeln und somit »politisch« (WuP 73).

Was die Übernahme ihrer Überlegungen zum Bösen erschwert, ist Arendts feste Annahme, dass der Mensch das Böse grundsätzlich nicht um der Welt willen lässt. Im Dialog der Zwei-in-Einem, dem Gewissen, kann er zu keinem anderen Schluss kommen, als dass er das Böse lassen wird, weil er nicht mit einem Übeltäter (oder Mörder) zusammenleben will (z. B. ZU 291). Der (gute) Mensch im Singular lässt also das Böse ausschließlich um seiner selbst willen. Dieses Gewissensurteil betrachtet Arendt mit einer gewissen Herablassung, wie sich besonders in den Texten *Was heißt persönliche Verantwortung in einer Diktatur?* (PVD 46) und *Ziviler Ungehorsam* (ZU 288 f.) zeigt, allerdings ohne dabei zu berücksichtigen, dass sie es selbst ist, die die Prämisse aufstellt, dass der Mensch im Singular sich nicht um die Welt sorgt.

Vor dem Eichmann-Prozess ist das Böse kein besonderes Thema für Arendt und auch im Spätwerk erfährt es keine besondere Beachtung. Weil die Nähe zum Eichmann-Prozess festgehalten werden kann, verwundert es nicht, dass sie sich dem Bösen in den *Moral-Vorlesungen* widmet,[91] in denen sie das Böse »radikal« nennt. Sie bezieht sich zunächst auf Kant, der geglaubt habe, er habe der Formel, die der menschliche Verstand zur Unterscheidung von Recht und Unrecht anwende,[92] mit dem kategorischen Imperativ Worte verlie-

---

[91] Dennoch ist in den *Moral-Vorlesungen* das Böse nicht das tragende Thema. Eher ist es so, dass Arendt, angesichts eines konkreten Beispiels für böses Tun – Eichmann – gezwungen ist, darüber nachzudenken, wie die geistigen Tätigkeiten eines einzelnen Menschen in ihre Theorie des politischen Handelns der Vielen integriert werden können.

[92] Arendt verwendet – soweit ich das erkennen kann – sowohl das Gute und das Böse wie Recht und Unrecht. Dass das Gute/Böse dem moralischen, mithin philosophischen Kontext und Recht/Unrecht dem politischen Kontext zugesprochen wird (oder umgekehrt), lässt sich nicht belegen.

hen. Er habe seine Formel mit einem Kompass verglichen, der es der gemeinen Menschenvernunft erleichtere, zu unterscheiden, was gut und was böse sei, und wenn jemand Kant gefragt hätte, wo dieses Wissen, das jeder besitze, seinen Ort habe, hätte er geantwortet: in der vernünftigen Struktur des menschlichen Geistes (ÜB 26 f.). Da (aber) Neigungen und Versuchungen in der menschlichen Natur, nicht jedoch in der menschlichen Vernunft verwurzelt seien und da der Mensch, seinen Neigungen folgend, versucht sei, Böses zu tun, habe Kant diese Tatsache das »radikal Böse« genannt. Er habe nicht geglaubt, dass der Mensch das Böse um seiner selbst willen wollen könne. Alle Übertretungen würden von Kant so erklärt, dass ein Mensch versucht sei, Ausnahmen hinsichtlich eines Gesetzes zu machen, das er im Übrigen als gültig anerkenne. Niemand wolle böse sein.[93] Der, der trotzdem böse handele (der Begriff des Handelns ist an dieser Stelle Kant geschuldet), befinde sich eigentlich im Widerspruch mit seinem eigenen Verstand und müsse sich deshalb selbst verachten (ÜB 28).

Arendt selbst hat ein anderes Verständnis von »radikal«: Bei Kant hat das Böse, das der Stadt geschieht, seinen Ursprung im Individuum, das Individuum fügt der Stadt Böses zu,[94] somit ist das Individuum in der Welt eine Ursache. Das ist für Arendt in ihrer politischen Theorie undenkbar. Ein Einzelner kann nicht alleine handeln, also kann er auch keine Ursache sein. Gerade die Ursache zählt sie zu den metaphysischen Irrtümern (LG 35). Während Kant nach dem *Ort des Bösen im Menschen* fragt (Sinne oder Vernunft?), ist für Arendt der *Ort des Bösen in der Welt*. Sie nimmt das Böse in gewisser Weise als quasi natürliche Erscheinung zunächst einmal hin. Kant und Arendt stehen somit auf zwei verschiedenen Standpunkten, Kant auf dem des Individuums, Arendt auf dem der Welt.

Radikal kommt vom lateinischen Wort »radix«, das so viel wie Wurzel oder Ursprung bedeutet. Kant geht davon aus, dass jedem Menschen ein natürlicher Hang zum Bösen innewohnt (*Die Religion innerhalb der Grenzen der bloßen Vernunft*, 37); die Wurzeln des Bösen liegen bei Kant folglich im Menschen. Für Arendt, die wie gesagt den Standpunkt der Welt einnimmt, ist das größte Böse (das wirklich Böse, das sprachloses Entsetzen verursacht: »Dies hätte nie geschehen

---

93 Auch ÜB 42.

94 Auf dem politischen Standpunkt stehend drückt sich Arendt passiver aus: Die Stadt hat ein Übel erlitten (LG 181).

dürfen«, ÜB 45) »nicht radikal, es hat keine Wurzeln, und weil es keine Wurzeln hat, hat es keine Grenzen, kann sich ins unvorstellbar Extreme entwickeln und über die ganze Welt verbreiten«.[95] Hätte das Böse Wurzeln, lägen sie demnach nicht im Individuum, sondern in der Welt. Bei der Verhinderung des Bösen für die Welt (und nicht bei der Verhinderung des Bösen für sich selbst zwecks Vermeidung der Selbstverachtung, ÜB 28) setzt Arendt aber wie Kant beim Einzelnen oder Individuum an, wenn sie feststellt, dass die größten Übeltäter jene sind, die sich nicht erinnern; ohne Erinnerung kann sie nichts zurückhalten. Das Denken an (eigene) vergangene Angelegenheiten (Gewissen) bedeutet für menschliche Wesen, sich in die Dimension der Tiefe zu begeben und sich durch das Schlagen von Wurzeln selbst (in der Welt) zu stabilisieren (ÜB 77). Hier geht es nicht um die Wurzeln des Bösen im Menschen, sondern darum, dass sich der Mensch in die Welt einfügt, in dem er in ihr Wurzeln schlägt, die *seiner* Stabilisierung dienen. Die Person (das ist der Mensch im Singular, der sich in die Welt einfügt)[96] ist ein denkendes Wesen, das in seinen Gedanken und Erinnerungen wurzelt. Weil der Mensch weiß, dass er mit sich selbst zu leben hat, wird er sich selbst Grenzen seines Tuns auferlegen. Zwar können diese Grenzen von Person zu Person, von Land zu Land und von Jahrhundert zu Jahrhundert variieren, doch das grenzenlose, extreme Böse ist nur dort möglich, wo diese selbst geschlagenen und gewachsenen Wurzeln, die die eigenen Möglichkeiten »automatisch« einschränken, ganz und gar fehlen. Erinnert man sich nicht, führt das zum Verlust des Selbst, das die Person ausmacht (ÜB 86 f.). Das größte begangene Böse ist das Böse, das von Niemandem getan worden ist, das heißt, von menschlichen Wesen, die sich weigern, Personen zu sein (die sich also weigern, sich in die Welt einzufügen). Übeltäter, die sich weigern, selbst *nachzudenken* und sich zu *erinnern*, haben versäumt, sich als Jemand zu konstituieren (ÜB 101). Vielleicht wiederholt Arendt diese Überlegungen deshalb im Spätwerk nicht, weil sie damit auch sagt, dass das Böse letztlich doch im Einzelnen oder Individuum seinen Ursprung hat, weil es der Entscheidung des Einzelnen obliegt, sich in die Welt einzufügen oder

---

95 ÜB 77.

96 Sich selbst in die Welt einfügen mag in den *Moral-Vorlesungen* noch gehen, im Spätwerk ist das nicht mehr möglich, aber auch nicht nötig, denn das Wir, die Pluralität, geht dem Selbst voraus. Im Spätwerk kann sich das Selbst nur zeitweise aus dem Wir zum Denken entfernen.

es zu lassen und somit der Einzelne oder das Individuum zur Ursache in der Welt wird.

Sie schließt die *Moral-Vorlesungen* mit dem Verweis auf die häufig anzutreffende Tendenz, das Urteilen überhaupt zu verweigern: »Aus dem Unwillen oder der Unfähigkeit, seine Beispiele und seinen Umgang zu wählen, und dem Unwillen oder der Unfähigkeit, durch Urteil zu Anderen in Beziehung zu treten, entstehen die wirklichen ›skandala‹, die wirklichen Stolpersteine, welche menschliche Macht nicht beseitigen kann, weil sie nicht von menschlichen oder menschlich verständlichen Motiven verursacht wurden. Darin liegt der Horror des Bösen und zugleich seine Banalität.«[97] Arendt spricht bei der Frage, wie das Böse in der Welt verhindert werden kann, nun nicht mehr vom (Nach-)Denken oder Erinnern, sondern davon, dass man versäumt, seinen Umgang (mit den Anderen) und seine Beispiele zu wählen und durch Urteile *zu Anderen in Beziehung zu treten*. Die Aktivität richtet sich eindeutig auf die Welt und nicht auf das Selbst, aber der Misslichkeit, dass die Entscheidung darüber nach wie vor beim Einzelnen oder Individuum liegt, entkommt sie nicht.

In *Ziviler Ungehorsam* betont Arendt, dass das Gewissen zwar einen Menschen wegen der Furcht, vor sich selbst Rechenschaft geben zu müssen, vom bösen Tun abhalten kann, diese Furcht aber auf Andere keine Überzeugungskraft ausüben muss (ZU 294 f.). Das Böse, das in der Welt geschieht bzw. nicht geschieht, weil es gelassen wird, hängt also weiterhin vom Einzelnen ab. Das ist aber nicht etwa als ein spätes Aufwerten des Gewissens des Einzelnen zu verstehen, sondern soll die politische Bedeutung der Meinung hervorheben, denn Macht erhält die Stimme des Gewissens erst, wenn sich Menschen, die in ihren Gewissen übereinstimmen, zusammentun. Dann werden aus den Stimmen des Gewissens Meinungen unter anderen Meinungen, und die Macht einer Meinung hängt nicht vom Gewissen, sondern von der Zahl derer ab, die sie teilen (ZU 295). Wie aber über Meinungen das Böse in der Welt verhindert werden kann, sagt Arendt nicht.

In den *Kant-Vorlesungen* bindet Arendt das Böse zunächst an Kants Moralphilosophie, wenn sie wiederholt, dass der schlechte Mensch für Kant derjenige sei, der eine Ausnahme für sich selbst mache, er sei nicht derjenige, der das Böse wolle, denn das sei laut Kant unmöglich. Die Umwendung ins Politische erfolgt mit der

---

[97] ÜB 150.

Bemerkung, dass böse Menschen ihren Vorteil im Geheimen suchen müssen, sie können es nicht öffentlich tun, weil sie sich damit gegen das allgemeine Interesse stellen. Im Unterschied zur Moral hängt in der Politik alles vom »öffentlichen Betragen« ab (U 30 f.). Auf der Privatheit der Maxime (bzw. des eigenen Vorteils) zu bestehen, heißt böse zu sein. »Böse-Sein« ist deshalb durch den *Rückzug aus dem öffentlichen Bereich* gekennzeichnet (U 79). Demnach ist das Böse ein philosophischer Begriff, der eng mit dem Denken verwandt ist.

Ob das Böse ein politischer oder philosophischer Begriff ist, lässt sich jedoch nicht klären, denn wenn der Übeltäter, der das Böse in der Welt tut, weil er sich nicht erinnert, politisch ist, weil er in der Welt ist, der Denker aber, der, weil er sich außerhalb der Welt erinnert, das Böse um seiner selbst willen lässt, unpolitisch ist, wohin gehört dann das Böse?

Bezüglich der systemischen Schwierigkeiten des Begriffs des Bösen bei Arendt siehe auch: »Grenzen der ›Umkehr der metaphysischen Hierarchie‹ in Politik: Das Böse in der Welt«.

Denken

Denken gehört zu den geistigen Tätigkeiten (LG 75) und ist das Synonym für Gewissen, Vernunft, Geist, Inneres und Nicht-Erscheinendes, nicht jedoch für Verstand, Gemeinsinn und Urteilskraft. Der Ort des Denkens ist außerhalb der Welt der Erscheinungen. Denken muss im Alleinsein vollzogen werden; in der Welt ist man viel zu beschäftigt, um denken zu können (LG 192). Der Denkende tritt aus der Erscheinungswelt heraus (LG 99); er spaltet sich von der Vielheit des »man« zum Alleinsein ab (LG 427). Der Gegenstand und das Kriterium des Denkens sind nach Arendt nur das Selbst, nicht jedoch die Welt. Das Gewissen/Denken hat nur Interesse am eigenen Selbst (ZU 292); es zittert um das eigene Ich und dessen Integrität, ist jedoch nicht an der Welt interessiert (ZU 289). Dementsprechend ist das Ergebnis des Denkens »Selbstzufriedenheit« (LG 190).

Im Spätwerk hat das Denken zwei Nebenprodukte:

> »Das Denken – das Zwei-in-einem des stummen Zwiegesprächs – aktualisiert den Unterschied in unserer Identität, wie er im Bewusstsein gegeben ist, und so entsteht als Nebenprodukt das Gewissen; die Urteilskraft, das Nebenprodukt der befreienden Wirkung des Denkens, realisiert das Denken, bringt es in der Erscheinungswelt zur Geltung,

wo ich nie allein bin und immer viel zu beschäftigt, um denken zu können.«[98]

Denken ist der Gegenbegriff zum politischen Handeln. Denken geht dem Handeln nicht voraus, vielmehr folgt Denken aus Handeln, denn alles Denken ist Nach-Denken (LG 92).

Zu den Schwierigkeiten, die sich hieraus ergeben, siehe auch: »Besonderheiten des Spätwerks: Wie kann Denken Urteilen als Nebenprodukt haben, wenn Denken und Urteilen zwei unterschiedliche geistige Vermögen sind?«

denkendes Ich

Im Spätwerk führt Arendt einen weiteren Subjektbegriff ein: das denkende Ich. Im Zusammenhang mit den geistigen Tätigkeiten – die die eigentlichen Subjekte sind, denn das *Denken bereitet* das Selbst auf die Rolle des Zuschauers vor, während das *Wollen* den Charakter des Selbst *schafft* (LG 422) – spricht sie auch vom wollenden und urteilenden Ich (LG 77), aber das denkende Ich wird am häufigsten von ihr angeführt. Es ist insofern von besonderem Interesse, als es ausdrücklich nicht das Selbst ist (LG 52), es ist nicht mit dem wirklichen Selbst identisch (LG 93). Im Gegensatz zum wirklichen (= erscheinenden) Selbst ist das denkende Ich *reine Tätigkeit*, es hat kein Alter, kein Geschlecht, keine Eigenschaften und keine Lebensgeschichte (LG 52). Aus Sicht der Erscheinungswelt ist seine Haupteigenschaft seine Unsichtbarkeit (LG 77), jedenfalls lebt es von der Erscheinungswelt aus gesehen im Verborgenen (LG 167). Allerdings scheint das denkende Ich die Welt der Erscheinungen nie völlig zu verlassen (LG 114): Jeder Denker verliert zwar beim Denken das Wirklichkeitsgefühl, das aus dem Gemeinsinn kommt. Dies ist aber deshalb nicht »gefährlich«, weil das denkende Ich nur zeitweise hervortritt, denn jeder Denker bleibt eine Erscheinung unter Erscheinungen, »ausgerüstet mit Gemeinsinn und mit genug Fähigkeiten zum Alltagsdenken, um [im Alleinsein, A. S.] zu überleben«.[99]

Die Welt der Erscheinungen, wie sie dem Menschen als Aufenthaltsort zwischen vielen verschiedenen Dingen gegeben ist, ist auch die eigentliche Bedingung für die Existenz des geistigen Ichs des Menschen, denn dieses Ich existiert nur in der Dualität. Es erfährt den

---

98 LG 192.
99 LG 62.

Unterschied in der Identität genau dann, wenn es nicht mit erscheinenden Dingen zu tun hat, sondern nur mit sich selbst. Das denkende Ich denkt nicht etwas, sondern denkt über etwas nach; dieser Akt ist dialektisch: er verläuft in Form eines stummen Zwiegesprächs (LG 186). Auch beim Denken, wenn das Selbst als denkendes Ich vom Standpunkt der Erscheinungswelt unsichtbar ist, bedarf es nach Arendt der Pluralität, sei es auch nur in der minimalsten Form der Dualität oder des Zwei-in-Einem des Gewissens. Im Denken/Gewissen wird Dualität – und damit Existenz außerhalb der Welt der Erscheinungen – hergestellt, solange sich der Denker im gefährlichen Zustand des Wirklichkeitsverlustes befindet.

Freiheit

Arendt unterscheidet philosophische Freiheit von politischer Freiheit (z.B. LG 425 f.). Im unpolitischen, philosophischen Sinn ist Freiheit Willens- oder Wahlfreiheit und betrifft das singuläre Selbst. Die philosophische Freiheit verwendet den Ausdruck »Ich-will« (z. B. FP 213, LG 258), der an den Geist gebunden ist. Politische Freiheit hingegen ist räumlich (an die Welt) gebunden (WP 40 f.). Sie ist Bewegungsfreiheit (z. B. WP 52, L 18, LG 258) in der Welt der Erscheinungen. Politische Freiheit drückt sich im Ausdruck »Ich-kann« aus. »Frei« bedeutet, fähig zu sein, das zu tun, was man tun will (ÜB 105, LG 258). Politische Freiheit ist an Öffentlichkeit und Sprache gebunden (»Freiheit des Miteinander-Redens«, »Freiheit, mit den Vielen redend zu verkehren«, WP 52). Freiheit ist der Sinn von Politik (WP 28).

Im zweiten Band von *Vom Leben des Geistes* spricht Arendt davon, dass der Preis für die Freiheit (des Willens) Kontingenz ist (LG 365). Sie sagt das im Zusammenhang mit Johannes Duns Scotus, für den sich Gottes Kreatur durch die geistige Fähigkeit zum freien Bejahen oder Verneinen auszeichne, die nicht von der Begierde oder den Denkregeln her gezwungen werde: »Diese Freiheit des Willens, geistig *einen Standpunkt einzunehmen,* unterscheidet den Menschen von der übrigen Schöpfung.«[100]

Man müsste neben dem Begriff der Freiheit auch den der Unfreiheit untersuchen. Bei Arendt stößt man an diesem Punkt allerdings an eine Grenze. Ihre politische Theorie setzt Freiheit voraus, damit sich Freiheit entfalten kann. Der Theorie fehlt die Aussage darüber,

---

[100] LG 366. Die kursive Hervorhebung durch Arendt macht noch einmal die räumliche Gebundenheit ihrer politischen Theorie an die Welt deutlich.

wie faktische Unfreiheit in Freiheit umgekehrt werden kann, denn in Unfreiheit gibt es nur Einzelne und kein Wir. Einzelne können aber nicht alleine handeln.

das Ganze

Der Begriff des Ganzen tritt erst spät auf und auch eher beiläufig. Es ließe sich eine Parallele zur *Politik* des Aristoteles herstellen,[101] die Arendt allerdings nicht zieht.

In den *Kant-Vorlesungen* stellt Arendt fest, dass nur der Zuschauer das Ganze sieht (U 87), das den Einzelheiten Sinn gibt (U 93); das Ganze verleiht dem Besonderen Sinn (U 107). Der Handelnde – im Gegensatz zum Zuschauer – ist parteilich, weil er in das Geschehene verwickelt ist, deshalb sieht er niemals den Sinn des Ganzen. Das gilt für alle erzählbaren Geschichten (U 119).

Der Sinn des Ganzen liegt auch im Spätwerk beim Urteil der Zuschauer: Das Urteil (nicht der Zuschauer) tritt nicht – wie der Philosoph – aus der Erscheinungswelt heraus, sondern vom aktiven Engagement in eine Sonderposition zurück, um das Ganze zu betrachten (LG 99). Das vorgängige und durch die Zuschauer beurteilte Ganze ist somit das gemeinsame Kümmern um menschliche Angelegenheiten. Es bildet sich nicht aus Menschen, weder aus Akteuren noch aus Zuschauern und ist deshalb nicht die Summe seiner Teile, sondern geschieht zwischen den Menschen. Im Aristotelischen Sinn ist auch bei Arendt das Ganze »ursprünglicher« als seine Teile. Deshalb kann man das Ganze als die Wirklichkeit oder Welt der Erscheinungen verstehen, die vor dem Spätwerk die Sphäre des Politischen ist. Insofern hat es bei Arendt das Ganze nicht als Eines, sondern als Pluralität oder als Vielheit der Bezüge[102] schon immer gegeben.

Das Ganze ist nicht bestimmbar. Sein philosophischer Gegenbegriff ist das Absolute.

---

101 »Auch von Natur ursprünglicher aber ist der Staat als das Haus und jeder einzelne von uns. Denn das Ganze ist notwendig ursprünglicher als der Teil …« (Aristoteles, *Politik*, I 1253a 19 ff.).

102 »… geht das Bezugsgewebe menschlicher Angelegenheiten allem einzelnen Handeln und Sprechen voraus …« (VA 226).

Gemeinsinn

Der Gemeinsinn (»Gemeinverstand«) ist das politische Gegenstück zur philosophischen spekulativen Vernunft (DTB 675). Arendt nennt ihn in den Schriften vor dem Spätwerk einen Sinn, der die radikale Subjektivität der eigenen fünf Sinne in eine gemeinsame Welt einpasst, die man mit anderen teilt und beurteilen kann (KuP 299). Mit dem Gemeinsinn orientiert man sich in einer gemeinsamen Welt (L 23). Die geradezu räumliche Verortung des Gemeinsinns in der Welt (und nicht im Selbst) wird deutlich, wenn Arendt den Gemeinsinn einen Welt-Sinn nennt (DTB 570, auch KuP 299); dieser Sinn ist kein Sinn für die Welt, sondern ein Sinn der Welt selbst. Er ist den eigenen fünf Sinnen vorgängig und damit »objektiv«. Somit ist er für alle Menschen gleich, während die Vernunft je eigen bzw. subjektiv ist.

Die Verortung des Gemeinsinns in der Welt stellt allerdings eine Schwierigkeit dar, denn abbilden lässt er sich nur über den einzelnen Menschen. Arendt nennt den Gemeinsinn deshalb auch – mit Rückgriff auf Kant – das (in der Welt) »an der Stelle jedes anderen Denken« und setzt ihn vom Selbstdenken, dem (im Alleinsein) »mit sich selbst einstimmig Denken«, ab, das ist die Vernunft oder der Selbst-Sinn (DTB 570). Nicht die Vernunft verbindet die Menschen untereinander (ebd.), sondern der Gemeinsinn enthält die Bedingung der Möglichkeit des Miteinander. Er ist die Legitimation des Urteils (DTB 578).

Der Gemeinsinn passt den einzelnen Menschen in die Gemeinschaft mit den Anderen ein, macht ihn zu deren Mitglied und versetzt ihn in die Lage, über die Dinge, die den eigenen fünf Sinnen gegeben sind, zu kommunizieren (ÜB 140). Also ist der Gemeinsinn auch die Wurzel der Sprache. Diese Annahme bekräftigt Arendt, wenn sie im Spätwerk feststellt, dass die Sprache »dem gemeinen Verstand entspricht oder ihm folgt«.[103]

Der Gemeinsinn ist außerdem der Boden, aus dem sich die Urteilskraft herausbildet, wenn immer sie ausgeübt wird (ÜB 139). Arendt nennt den Gemeinsinn auch die »Mutter der Urteilskraft« (ebd.).

In den *Kant-Vorlesungen* klingen die beiden getrennten Lebensweisen an, wenn Arendt dem Menschen in der Einzahl (das autonome, vernünftige Wesen, das den Gesetzen der praktischen Vernunft unterworfen ist) die Menschen in der Mehrzahl (die nicht autonomen

[103] LG 123.

Erdenbewohner, die in Gemeinschaft leben und mit Gemeinsinn ausgestattet sind) gegenüberstellt (U 45). Der Gemeinsinn befähigt die Zuschauer zu urteilen (U 100).

Im Spätwerk ist es meines Erachtens nicht eindeutig, was Funktion und Bedeutung des Gemeinsinns sind. Auch ist das Verhältnis von Gemeinsinn und Urteilskraft nicht mehr so eindeutig wie zuvor: Der Gemeinsinn ist eine Art sechster Sinn, der die eigenen Wahrnehmungen in eine gemeinsame Welt einfügt, an der auch die Anderen teilhaben (LG 59).[104] Thomas von Aquin habe den Gemeinsinn als einen *inneren* Sinn definiert, der als gemeinsame Wurzel und Grund der äußeren Sinne fungiere (LG 60). Deshalb darf aber der Gemeinsinn nicht mit dem Denken verwechselt werden, denn allein dem Gemeinsinn ist Wirklichkeit in ihrem schlechthinnigen Da-Sein gegeben; die Wirklichkeit bleibt dem Denken auf immer unzugänglich. Arendt unterscheidet zwischen *physischen Denkvorgängen,* die sich im Gehirn lokalisieren lassen und dem Gemeinsinn, der zur *biologischen Ausstattung* der Menschen gehört; allein der *biologische Gemeinsinn* hat eine Beziehung zur Wirklichkeit (LG 61). Die Unterscheidung zwischen physischem Denken und biologischem Gemeinsinn ist allerdings schwer verständlich.

Dass der Gemeinsinn die Mutter der Urteilskraft ist, wiederholt Arendt im Spätwerk nicht. Vielmehr betont sie, dass die Urteilskraft neben Denken und Wollen ein eigenständiges geistiges Vermögen ist, das auch nicht im Verstand enthalten ist (LG 75).

Trotz der Neuerung des Gemeinsinns als innerer oder biologischer Sinn (»innerer« allerdings nur als Thomas-Zitat) nennt Arendt auch später den Gemeinsinn einen sechsten Sinn, der die eigenen fünf Sinne in eine gemeinsame Welt einfügt und der sich in einem Bürgerkrieg mit dem Denkvermögen und dem Bedürfnis der Vernunft, die den Menschen dazu bestimmen, sich auf längeren Zeitraum von der gemeinsamen Welt abzusetzen, befindet (LG 86). Das erinnert an die zwei getrennten Lebensweisen und spricht außerdem dagegen, dass der Gemeinsinn ein innerer Sinn ist.

Der philosophische Gegenbegriff zum Gemeinsinn ist das (Denken als) Gewissen, bei dem man bloß Umgang mit sich selbst hat (z. B. ÜB 143).

---

104 Eine kleine Spitzfindigkeit: Wenn der Gemeinsinn die eigenen fünf Sinne in die vorgängige Welt einfügt, ist er kein sechster, sondern ein primärer Sinn.

Gesellschaft

Der Begriff der Gesellschaft fehlt im Spätwerk und ist in den Schriften vor dem Spätwerk insofern ein schwieriger Begriff, als er weder der philosophischen Lebensweise und sicher nicht der politischen zuzuordnen ist, obwohl Gesellschaft Öffentlichkeit und somit Pluralität impliziert. Die Gesellschaft – ein Familienkollektiv, das sich ökonomisch als eine gigantische Über-Familie versteht und dessen politische Organisationsform die Nation ist (VA 39) – ist ein merkwürdiges Zwischenreich, in dem private Interessen öffentliche Bedeutung bekommen (VA 45). Der Mensch ist ein »gesellschaftliches Wesen«, bevor er ein politisches werden kann (VA 42).[105] Wenn Menschen ihr Zuhause verlassen, betreten sie nicht sofort den politischen Bereich, sondern zuerst den gesellschaftlichen, der zwar öffentlich ist, aber in dem es nicht um zwischenmenschliche Angelegenheiten geht (LR 266 f.).

Gesellschaft ist ein (negativer) Begriff der Neuzeit (VA 48 f.): Mit der Neuzeit stirbt der öffentlich politische Bereich ab (VA 69). An die Stelle des Begriffs der Politik ist der Begriff der Gesellschaft oder der Geschichte getreten. Deshalb liegt es für Arendt nahe, zu versuchen, hinter die Neuzeit und ihre Theorie zurückzugehen und sich älteren Traditionen (gemeint ist die antike Polis-Theorie) anzuvertrauen (FP 210). Die Umkehr von Philosophie in Politik kann als ein solcher Versuch verstanden werden.

Weil die gesellschaftliche Sphäre nicht politisch ist – es geht in ihr nicht um zwischenmenschliche Angelegenheiten –, muss man sie der philosophischen Lebensweise zuordnen; weil sie sich aber in der Öffentlichkeit abspielt, muss sie der politischen zugerechnet werden.

Gewissen (Selbst)

Das Gewissen ist ein Sammelbegriff für philosophisch Singuläres: Es ist das Synonym für das Denken oder den Dialog der Zwei-in-Einem (und somit auch für das denkende Ich), ebenso für die Vernunft oder – in den Schriften vor dem Spätwerk – für das Selbst oder den Menschen im Singular. Es kann auch als Synonym für das *Alleinsein* als Rückzug von der Welt oder – will man es von der Welt aus betrachten – die (unpolitische) Unabhängigkeit von den Anderen gelten. Das Gewis-

---

[105] Im *Denktagebuch* (536) heißt es allerdings im Gegensatz dazu: Das *Politische* bestimmt sich »als das Gesellschaftliche im Gegensatz zum Intimen«.

sen bedarf bei Arendt weder der Präsenz der Vielen noch kümmert es sich um die Welt. Deshalb ist das Gewissen unpolitisch (ZU 289).

Für Arendt ist das Gewissen der philosophische Gegenbegriff zum politischen Gemeinsinn. Das Kriterium für die Unterscheidung ist der Umgang: Der Gemeinsinn erwächst aus dem Umgang mit den Vielen, das Denken entsteht aus dem Umgang mit sich selbst (ÜB 143). Der Unterschied wird auch dadurch deutlich, dass das Gewissen nach Arendt nicht vorrangig an der Welt interessiert ist, sondern um das individuelle Ich und dessen Integrität zittert (ZU 289). In den Schriften vor dem Spätwerk lautet die einzige Gewissensvorschrift: »Lass das Böse«, aber nicht etwa, weil man sich der Welt verpflichtet fühlt, sondern weil man – nach Arendts Auffassung – nicht mit einem Übeltäter zusammenleben will (ZU 291). Sie konzipiert das Gewissen also so, dass in ihm die Welt nicht bedacht werden *kann*. Deshalb ist im Spätwerk sein Produkt auch bloß Selbstzufriedenheit (LG 190).

Aber genau diese Prämisse der Selbstbezogenheit des Gewissens ist angreifbar, denn für sich selbst braucht kein Mensch ein Gewissen. Ein Gewissen hat der Mensch, weil er in Beziehung zur Welt steht, in die er sich ständig über sein Gewissen einzufügen versucht. Gerade das Gewissen bezieht sich immer auf die Welt, mit der es derart in Konflikt geraten kann, dass sich ein Einzelner genötigt sehen kann, sein Gewissen in der Welt über das zu stellen, was alle Welt für richtig hält. Arendts Nicht-Mitmachender in politischen Ausnahmesituationen ist solch ein Einzelner. Dass Arendt ihn kritisch sieht (PVD 46, ZU 288 f.) und ihn nur mittelbar für politisch relevant hält (LG 190 f.), macht darauf aufmerksam, dass sie das Wir, die Vielen und den Gemeinsinn immer höher achtet, als das Selbst, den Einzelnen und das Gewissen.

das auffällige Fehlen des Guten

Arendt beschäftigt sich – nach dem Eichmann-Prozess – mit dem Bösen, schenkt aber dem Guten wenig Beachtung, auch wenn sie in den *Moral-Vorlesungen* meint, der Erscheinung der Natur des Guten in einem positiven Sinn – und nicht im negativen Sinn, wie das Böse zu vermeiden ist – Aufmerksamkeit widmen zu müssen (ÜB 102 f.). Hier betrachtet sie das Gute aus christlicher Sicht und kommt nur zu dem Schluss, dass sich der Mensch, dessen Liebe sich darauf richtet, Gutes zu tun, auf den äußersten Alleingang begibt, es sei denn, er glaubt an Gott und hat Gott als Begleiter und Zeugen (ÜB 109). Weder

Liebe noch äußerster Alleingang bzw. Alleinsein sind politische Begriffe. Das Gute scheint somit ein philosophischer Begriff zu sein.

Es könnte aber auch Arendts Aussage, der Sinn von Politik sei Freiheit (WP 28), als Benennung des Guten gelten. Unter politischer Freiheit versteht sie Können (und nicht Wollen). Politische Freiheit ist nur in der Pluralität möglich (LG 426). Wenn also Pluralität die Bedingung der Freiheit des Könnens ist, dann könnte Pluralität an sich als das Gute angesehen werden. Der Zweck des Politischen wäre der Erhalt der Pluralität, denn Pluralität, d. i. die Präsenz der Vielen, schafft erst den Raum, in dem der Einzelne nicht als Ich oder Mensch, sondern als Bürger erscheinen, sich bewegen, existieren und – im Nachgang – auch denken und wollen kann. Nimmt man an, dass auch beim Guten und Bösen ein Dualismus zugrunde liegt und das Böse die Welt zerstört, wäre demnach das Gute alles, was dazu dienen könnte, Pluralität bzw. Welt zu ermöglichen und zu erhalten, während jeder Gedanke und jedes Wollen böse im Sinne von selbstsüchtig wären. Gutes ließe sich auf Pluralität und Böses auf Egoismus verkürzen.[106] Das Gute diente der Welt und ließe sich nur gemeinsam erzielen; es wäre politisch. Das Böse, das die Welt zerstört, hätte seinen Ursprung im Selbst; es wäre unpolitisch.

Bedenkt man, dass das Bessere die Steigerung des Guten ist, muss man allerdings annehmen, dass das Gute ein moralischer und somit unpolitischer Begriff ist: Rechnet man »gut« zu den moralischen Begriffen, hat er bei Arendt die Bedeutung von: »besser für sich *selbst*« und entspricht dem Sokratischen Lehrsatz des Prinzips der Übereinstimmung mit sich selbst: »Da ich einer bin, ist es besser für mich, mit der ganzen Welt in Widerspruch zu geraten als mit mir selbst.«[107] Sokrates habe auch gesagt, dass es besser sei, Unrecht zu leiden, als Unrecht zu tun. Diese Behauptung sei *von ihm aus gesehen* eine *Behauptung der Vernunft*, und das Schwierige an dieser

---

[106] In ÜB 144 f. und mit Rückgriff auf Kant argumentiert Arendt genau so: »›Das Geschmacksurteil‹, so Kant, ›[gilt] nicht für egoistisch‹ – wir sind [, wie es im Englischen heißt:] ›considerate‹ im ursprünglichen Sinne des Wortes, betrachten die Anderen mit (›con-siderate‹), und wir müssen versuchen, ihre Zustimmung zu gewinnen, ›um jedes anderen Beistimmung [werben]‹, wie Kant es ausdrückt. […] Egoismus kann damit nicht durch das Predigen von Moral überwunden werden, das, im Gegenteil, mich immer wieder auf mich selbst zurückwirft, sondern in Kants Worten: ›Dem Egoism kann nur der Pluralism entgegengesetzt werden, d. i. die Denkungsart: sich nicht als die ganze Welt in seinem Selbst befassend, sondern als einen bloßen Weltbürger zu betrachten und zu verhalten‹.«

[107] KuP 298.

Behauptung ist immer schon gewesen, dass sie nicht bewiesen werden kann (ÜB 41). Hier bezieht Arendt das Bessere bzw. das Gute also auf das Selbst und das Denken; den Nutzen hat das Selbst, nicht jedoch die Welt. Das Gewissen sagt bloß, dass das Böse zu lassen ist. Aber Gedanken werden in der Welt nicht wirklich. Das Gute – für die Welt – kann also nicht das unterlassene Böse sein. Arendt macht sich Sorgen darum, wie das Böse aus der Welt herausgehalten werden kann, nicht jedoch darum, was das Gute für die Welt ist. Es scheint zu genügen, dass der Welt nichts Böses widerfährt. Das hat die von ihr sicher unerwünschte Folge, dass die Welt doch durch den Einzelnen bestimmt ist, wenn auch die Bestimmung nur im Lassen besteht, denn dass das Böse gelassen wird – wovon nicht nur das Selbst, sondern auch die Welt profitiert –, ist die Entscheidung des Einzelnen. In der je einzelnen Entscheidung des Lassens des Bösen wird aber auch deutlich, dass es zumindest denkbar ist, dass sich der Einzelne nicht nur um sich selbst sorgt, sondern auch Verantwortung für die Welt übernehmen will. Diese Verantwortung wäre das Gute. Aber auch dann wäre das Selbst Ursache in der Welt.

Zu guter Letzt könnte man das Gute auch als Gerechtigkeit verstehen. Gerechtigkeit kommt jedoch bei Arendt im Rahmen ihrer politischen Theorie nicht vor, denn Gerechtigkeit ist ein Gedankending (LG 102) oder ein Gegenstand des Denkens (LG 178), somit philosophisch.

Die Bedeutung des Guten für Arendts politische Theorie ist also nicht zu klären. Warum sollte man den Begriff des Guten überhaupt klären wollen, wenn Arendt ihn doch auch gar nicht benutzt, könnte man fragen. Weil sie zum einen den Gegenbegriff des Bösen beachtet und behandelt und weil zum anderen das Gute unterschwellig in ihrer politischen Theorie enthalten ist. Sie scheint sich selbst nicht immer sicher zu sein, ob Handeln lediglich Verändern oder ob es auch Verbessern bedeutet: »… die Welt […] deren Verbesserung oder Veränderung.« (ÜB 52 f.).

Handeln

Handeln ist die Tätigkeit der politischen Sphäre. Bedeutet Autonomie das Unabhängigsein von Anderen, ist Handeln das Abhängigsein von Anderen – niemand kann alleine handeln (LG 427) –, ohne die Hilfe Anderer kann niemand etwas verändern. Dabei liegt die Betonung nicht auf den Anderen, schon gar nicht auf konkreten Menschen, sondern auf der Bezüglichkeit. Handeln stiftet Bezüge (VA 238).

Es gibt wenige Stellen, die Handeln konkret beschreiben. Da Handeln und Sprechen zusammengehören – alles politische Handeln vollzieht sich durch (öffentliches) Sprechen (VA 36) –, ist Handeln mit Öffentlichkeit verbunden. Man exponiert sich in der Öffentlichkeit handelnd und sprechend als Person. Man fängt etwas an und schlägt einen Faden in ein Netz von Beziehungen. Was daraus wird, weiß man nicht; deshalb muss man auf die Menschen vertrauen. Das gilt für alles Handeln (GI 72). Politisches Handeln vollzieht sich in der Öffentlichkeit und behandelt Themen wie die Gründung von Gemeinschaften und Regierungssystemen, die Unterstützung, die der Bürger den Gesetzen seines Landes zukommen lässt oder sein Zusammenhandeln mit seinen Mitbürgern, um ein gemeinsames Unternehmen zu fördern (ÜB 102). Was das politische Leben ausmacht, erläutert Arendt wie folgt: die hohe Freude, die dem schieren Zusammenkommen mit Seinesgleichen innewohnt, die Befriedigung des Zusammenhandelns und die Genugtuung, öffentlich in Erscheinung zu treten, die für alle menschliche Existenz so entscheidende Möglichkeit, sich sprechend und handelnd in die Welt einzuschalten und einen neuen Anfang zu stiften (WuP 92).

Obwohl Arendt die Zuschauer das Ganze, also das Schauspiel, beurteilen lässt (LG 99), ist es zu einfach, das Schauspiel oder das alltägliche gemeinsame Kümmern um menschliche Angelegenheiten mit dem Handeln gleichzusetzen. Handeln scheint für Arendt immer mehr zu Urteilen zu werden und es sind die Zuschauer, die urteilen. Das legen insbesondere die Schlussabschnitte des zweiten Bands des Spätwerks nahe (LG 442 f.). Im ersten Band behandelt Arendt im Kapitel »Denken und Handeln: der Zuschauer« verfrüht, wie sie sagt, den Rückzug des Urteils auf den Standpunkt des Zuschauers (LG 101): Im Gegensatz zum Philosophen, der zum Denken aus der Erscheinungswelt heraustreten muss (LG 99), ist der Rückzugsort des Zuschauers – unbeschadet der Reflexivität der Urteilskraft (auf das Selbst) – eindeutig in der gewöhnlichen Welt (LG 102). Die Distanz für das Urteil tritt vom aktiven Engagement in eine Sonderposition zurück, um das Ganze zu betrachten. Daher ist *das Urteil der Zuschauer* zwar unparteiisch und frei vom Interesse an Gewinn oder Ruhm, aber es *ist nicht unabhängig* von den Ansichten Anderer. Die Zuschauer sind von der Partikularität des Akteurs distanziert, aber sie sind nicht (wie der Philosoph) allein (LG 99). Da das Kapitel mit »Denken und Handeln« überschrieben ist und Arendt die beiden Tätigkeiten über ihren »Rückzugsort« beschreibt (Denken: außerhalb der Welt, Urteilen: in der Welt, aber vom Schauspiel distanziert), muss das Handeln der Überschrift das Urteilen der Zuschauer sein: Aus Handeln wird Urteilen.

Ist das Ergebnis des Handelns (und Urteilens) eine Verbesserung der Welt oder eine Veränderung? Hat es eine normative Absicht oder lässt es sich bloß als Gegebenes betrachten? Dass sich die Welt verbessern lässt, ist mit Arendt, die die Welt als vorgängiges Ganzes postuliert, schwer zu vertreten. In den beiden folgenden Stellen spricht sie zwar von »verbessern«, die Skepsis ist jedoch greifbar. Erstens:

> »Sokrates will nicht so sehr die Bürger erziehen als ihre *doxai* verbessern, die Meinungen, welche das politische Leben bildeten, an dem er teilnahm. *Für Sokrates* war die Maieutik eine politische Aktivität, ein Austausch (prinzipiell auf der Grundlage strikter Egalität), dessen Früchte nicht danach beurteilt werden konnten, dass man bei dem Ergebnis dieser oder jener Wahrheit ankommen musste.«[108]

In diesem Text, aber auch nur in diesem, lässt Arendt die Sokratische Art des *kritischen Denkens*, das im Einzelnen seinen Ausgangspunkt hat, um sich dann an die Anderen zu wenden, bevor es wieder zum Einzelnen zurückkehrt, als *politische Aktivität* gelten.

Zweitens und im Zusammenhang mit Thoreau:

> »Der Mensch sei ›in die Welt gekommen, um darin zu leben, ob nun schlecht oder recht, aber nicht unbedingt, um sie zu verbessern, damit man gut darin lebt‹. In der Tat, so kommen wir alle in diese Welt und haben Glück, wenn sie und der Teil von ihr, wo wir ankommen, sich zur Zeit unserer Ankunft gut zum Leben eignet oder zumindest ein Ort ist, wo das Unrecht, das begangen wird, nicht ›so beschaffen ist, dass es notwendigerweise aus dir den Arm des Unrechts an einem anderen macht‹. Denn wenn dies der Fall ist, ›dann sage ich, brich das Gesetz‹.

[108] SV 49 f., zweite Hervorhebung A. S.

> Und damit hat Thoreau recht: Das individuelle Gewissen erfordert weiter nichts.«[109]

Es ist nicht die Aufgabe des Menschen, die Welt besser zu machen, er soll sich nur nicht am Unrechttun beteiligen. Das ist eine Entscheidung des (unpolitischen) Gewissens.

Dass es also nicht um Handeln als Verbessern, sondern um Handeln als Verändern der Welt geht, wird insbesondere in *Wahrheit und Politik* an der Stelle über das Lügen und Wahrheitssagen deutlich: Der Lügner ist immer schon mitten in der Politik. Was immer er sagt, ist nicht ein Sagen, sondern ein Handeln, denn er sagt, was nicht ist, weil er das, was ist, zu ändern wünscht (WuP 74). Da alle Aussagen, die auf Veränderung des Bestehenden abzielen, Formen des Handelns sind, ist das Lügen immer primär ein Handeln, während das Wahrheitssagen dies gerade nicht ist (WuP 73).

Handeln ist also Verändern, oder präziser: Handeln ist das, was Menschen verändern können. Die Lüge will verändern, also ist die Lüge politisch. Handeln ist nicht Verbessern. Da bei Arendt die Welt gegeben ist, stellt sich allerdings die Frage, wozu Handeln als Verändern »gut« sein kann.

Siehe auch: »Kritik des Primats der Politik«.

Individuum, aber nicht Individualität

Ein Individuum hat einen Namen, ein Geburtsdatum und einen Geburtsort. Es ist identifizierbar und nicht austauschbar (PVD 27). Es ist somit bestimmt und bestimmbar.

Das Individuum ist immer autonom, es existiert immer unabhängig von den Anderen. Es ist ein ursächlich Erstes und gehört bei Arendt zu den rein philosophischen Begriffen. Vor dem Spätwerk kann es mit dem Selbst gleichgesetzt werden. Im Spätwerk gibt es kein Individuum, in der Welt erscheint das körperliche Selbst. Gerade deshalb ist die Individualität vom Individuum zu unterscheiden. Individualität bezieht sich, allerdings erst im Spätwerk, auf das Selbst und ist ein abgeleiteter politischer Begriff, denn Individualität meint das, was die Anderen von einem wahrnehmen können, weil es erscheint. Wenn es erscheint, muss sein Träger in der Welt sein. Folglich meint Individualität die einzigartige Persönlichkeit oder den Charakter des Selbst: Man entscheidet sich bewusst zwischen ver-

---

[109] ZU 289.

schiedenen Verhaltensmöglichkeiten, die einem die Welt bietet. »Aus solchen Entscheidungen erwächst schließlich das, was wir Charakter oder Persönlichkeit nennen, der Zusammenschluss einer Anzahl wohlbestimmter Eigenschaften zu einem verstehbaren und zuverlässig erkennbaren Ganzen [...].«[110] Diese individuell ausgewählten Eigenschaften dienen unserer Erscheinung in der Welt (LG 46).

Was das Verständnis des Individuums so schwierig macht, ist, dass es ein Individuum im Sinne Arendts gar nicht geben kann: Niemand existiert unabhängig von den Anderen. So wird es nur im Rahmen ihrer Prämisse der zwei Lebensweisen verständlich und hat eine rein systemische Funktion: Vor dem Spätwerk ist es als Selbst die negative Kontrastfolie zum Bürger, im Spätwerk verdichtet sich in ihm (nicht jedoch im Selbst) die Metaphysik oder Philosophie, die Arendt in Politik umkehren will.

Das Individuum ist der Gegenbegriff zum Wir als schierer Präsenz der Vielen. In der Umkehr wird aus dem autonomen Individuum deshalb subjektlose Bezüglichkeit.

kontingent, Kontingenz

Bei Arendt bezieht sich Kontingenz nicht auf das Sein, sondern auf das Handeln. Verkürzt dargestellt bedeutet »Kontingenz« vor dem Spätwerk »Zufall« – wenn die Welt gegeben und der Einzelne keine Ursache in der Welt ist, muss Handeln zufällig = kontingent sein – und im Spätwerk »kann getan oder gelassen werden«. In beiden Fällen bedeutet der Begriff »Nicht*notwendigkeit*«.

Kontingenz kann somit auch als zufällige Veränderung verstanden werden. Alles, was die Welt oder das Politische betrifft, ist kontingent und kann durch Sprechen verändert werden, während alles, was die Philosophie betrifft, notwendig, also unveränderlich, ist. Deshalb ist der philosophische Gegenbegriff Wahrheit.

---

110 LG 46.

Lebensweisen

In einem weiten Sinn versteht Arendt unter Lebensweisen »Seinsordnungen« (VA 35). Vor dem Spätwerk unterscheidet sie zwischen zwei entgegengesetzten Lebensweisen, die im Konflikt zueinanderstehen: der philosophischen und der politischen, wobei nur der politischen Lebensweise Wirklichkeit zukommt. Die *philosophische Lebensweise* zeichnet sich dadurch aus, dass sie unabhängig von den Vielen ist. In ihr hat man nur Umgang mit sich selbst. Deshalb ist sie auch nicht wirklich, denn Nicht-Erscheinendes kann nicht bezeugt werden. Die *politische Lebensweise* ist hingegen die, in der die Menschen nicht unabhängig voneinander leben, sondern auf die Präsenz der Vielen angewiesen sind. Wenn Arendt in einem Text zwischen dem Menschen, insofern er ein denkendes oder ein handelndes Wesen ist, unterscheidet (z. B. WuP 67), dann geht sie davon aus, dass es zwei getrennte Lebensweisen gibt. Der Mensch ist *entweder* ein handelndes *oder* ein denkendes Wesen.

Man könnte einwenden, dass es die philosophische Lebensweise faktisch doch gar nicht gibt, denn niemand lebt unabhängig von den Anderen. Dennoch greift Arendt an etlichen Stellen auf die Gegenüberstellung der beiden Lebensweisen zurück. Erst im Spätwerk sind die entgegengesetzten Lebensweisen durch den Primat des Politischen aufgehoben.

Siehe auch: »Vor dem Spätwerk: Zwei sich gegenseitig ausschließende Lebensweisen«.

Lüge(n)

Alle Aussagen, die auf *Veränderung des Bestehenden* abzielen, sind *Formen des Handelns* (WuP 73).

> »Die Trennungslinie zwischen Tatsachen und Meinungen zu verwischen, ist eine der Formen der Lüge, die wiederum insgesamt zu den Modi des Handelns gehören. Während das Lügen immer primär ein Handeln ist, ist das Wahrheitssagen, gleich ob es sich um Tatsachen- oder Vernunftwahrheiten handelt, dies gerade nicht. […] Der Lügner […] hat den Vorteil, dass er immer schon mitten in der Politik ist. Was immer er sagt, ist nicht ein Sagen, sondern ein Handeln; denn er sagt, was nicht ist, weil er das, was ist, zu ändern wünscht.«[111]

---

111 WuP 73 f.

Die Aussagen sind unmittelbar angreifbar, denn auch das Wahrheitssagen kann zum Handeln führen, wohingegen das Lügen vom Handeln abhalten kann. Das Sagen von Wahrheit beendet nicht automatisch einen Prozess – und damit die Veränderung – und die Lüge führt nicht immer den Prozess der Veränderung weiter. Deshalb ist auch Arendts Aussage, dass Wahrheitssagen kein Handeln ist, nur dann verständlich, wenn man sie »systemisch« versteht und berücksichtigt, dass Arendt unter Wahrheit Notwendigkeit versteht: Wahrheit ist das, was der Mensch nicht ändern kann (WuP 92). Kehrt man Wahrheit um, wird aus Notwendigkeit Veränderung.

Siehe auch: »Grenzen der ›Umkehr der metaphysischen Hierarchie‹ in Politik: Lügen ist politisch, Wahrheitssagen gerade nicht«.

Meinung

Der Gegenstand von Meinungen sind Tatsachen (WuP 57). Der Austausch von Meinungen und der Streit der Meinungen macht das eigentliche Wesen allen politischen Lebens aus (WuP 61).

Begeben sich Vernunftwahrheiten auf das Feld der Meinungen und des Meinungsstreits, werden sie zu bloßen Meinungen, sie ändern ihr Wesen (WuP 57). Auf dem Forum der Öffentlichkeit hängt die Macht einer Meinung von der Zahl derer ab, die sie teilen (ZU 295).

Die Gegenbegriffe zur Meinung sind absolute Vernunftwahrheit und Gewissensurteil.

moralisch, Moral

Moral meint bei Arendt nichts Normatives, sondern betrifft den Menschen im Singular (ÜB 102), der nicht Mitglied des Wir ist. Wenn von Moral die Rede ist, ist dies ein Hinweis darauf, dass Arendt vom Einzelnen als Einzelnen (und nicht als Mitglied der handelnden Gemeinschaft) spricht. Moral betrifft *nicht* zwischenmenschliche Angelegenheiten. Macht man allerdings aus moralischen Gründen (also aus Gründen, die nur für den Einzelnen im Verhältnis zu sich selbst gelten) nicht länger mit bei dem, was alle tun, kann sich dies dennoch in speziellen Situationen als mittelbar politisch erweisen (LG 190 f.).

In *Ziviler Ungehorsam* spricht Arendt dem Vermögen des Gebens und Haltens von Versprechen einen »moralischen Gehalt« zu:[112]

> »Die einzige im strengen Sinne moralisch zu nennende Pflicht des Staatsbürgers besteht in dieser zwiefältigen Bereitschaft, mit der er im Hinblick auf sein künftiges Verhalten [gegenüber oder in der Welt, A. S.] eine feste Zusicherung abgibt und diese einhält. Diese Bereitschaft ist gewissermaßen die vorpolitische Voraussetzung für alle anderen, spezifisch politischen Tugenden. [...] Die einzige Verpflichtung, die ich *als Bürger* einzugehen berechtigt bin, besteht darin, Versprechen zu geben und zu halten.«[113]

Der Gehalt des Vermögens des Versprechens ist zwar moralisch, aber »moralisch« meint bloß: Das Vermögen des Versprechens, das sich an die Welt wendet, kann nur vom *Einzelnen in der Welt* vollzogen werden.

In *Ziviler Ungehorsam* wird außerdem der Konflikt zwischen Moral und Politik beschrieben: zwischen dem »guten Menschen« und dem »guten Bürger«, dem individuellen Ich und dem Mitglied des Gemeinwesens (ZU 290). Der »gute Mensch« ist der Gewissensträger, dessen Interesse dem eigenen Selbst gilt (ZU 290). Gute Menschen werden erst in Notsituationen erkennbar (also selten), der gute Bürger muss hingegen (immer) erscheinen (ZU 293). Das Selbst ist moralisch, während die Bürger politisch sind.

objektiv

Weniger »auf die Welt bezogen« als die Welt selbst, von der Welt ausgehend. Auch: das (*vorgängige*) Ganze betreffend. Weil »objektiv« ein abgeleiteter politischer Begriff ist, hat er – ähnlich wie Individualität – keinen philosophischen Gegenbegriff. »Objektiv« ist nicht die Umkehr oder das Gegenteil von »subjektiv«, vielmehr stehen

---

112 Das Geben und Halten von Versprechen ist – ebenso wie das Verzeihen – bereits Thema in *Vita activa* gewesen (VA 300 ff.). Aber hier spricht Arendt nicht von »Moral«, sondern betont die Notwendigkeit der Pluralität: »Beide Fähigkeiten können sich somit überhaupt nur unter der Bedingung der Pluralität betätigen, der Anwesenheit von Anderen, die mit-sind und mit-handeln. Denn niemand kann sich selbst verzeihen, und niemand kann sich durch ein Versprechen gebunden fühlen, das er nur sich selbst gegeben hat« (VA 302). Pluralität = politisch, Singularität = moralisch.

113 ZU 313.

die beiden Begriffe in einem einseitigen Beziehungsverhältnis: das Objektive geht dem Subjektiven voraus.

öffentlich, Öffentlichkeit

Man könnte meinen, Öffentlichkeit sei ein anderes Wort für »Präsenz der Vielen«, also das Synonym für Pluralität. Aber so einfach ist es nicht. In den Schriften vor dem Spätwerk ist Öffentlichkeit meistens die politische Sphäre, sie ist aber eben auch die gesellschaftliche Sphäre. In der Öffentlichkeit geht es um (zwischen)menschliche Angelegenheiten. Deshalb ist sie zum einen von der Privatsphäre und zum anderen von der Gesellschaft zu unterscheiden. Bei der Privatsphäre versteht sich das von selbst. Bei der Gesellschaft versteht es sich nicht von selbst, denn die Gesellschaft ist »öffentlich«, weil sie nicht in den eigenen vier Wänden stattfindet.

In den beiden Bänden des Spätwerks kommt der Begriff der Öffentlichkeit (wie auch der Begriff der Gesellschaft) so gut wie nicht vor, Arendt hat ihn ersetzt durch die »Welt der Erscheinungen«. Es kann gemutmaßt werden, dass die Öffentlichkeit im dritten Band über das Urteilen wieder eine Rolle gespielt hätte.

Trotz der Schwierigkeit, Gesellschaft mit Öffentlichkeit in Einklang zu bringen, ist Öffentlichkeit ein politischer Begriff. Sein philosophischer Gegenbegriff ist das Alleinsein, das Fehlen der Präsenz der Vielen.

Ort des Denkens: »außer der Ordnung«

Im Spätwerk ist das Denken nicht mehr die Tätigkeit einer räumlich eigenständigen Lebensweise, die dem Ort des Handelns, d. i. die Welt oder Öffentlichkeit, entgegengesetzt ist. Aber der Ort des Denkens ist immer noch ein Ort außerhalb der Welt; Arendt nennt ihn mit Rückgriff auf Martin Heidegger *»außer der Ordnung«* (LG 84). Um diesen Ort zu erreichen, muss das Selbst aus der Erscheinungswelt heraustreten; das Denken erfordert Alleinsein und insofern Distanz von der Welt (LG 99, 427). Das Denken unterbricht alle gewöhnlichen Tätigkeiten und wird selbst von ihnen unterbrochen: in der Welt ist man nie alleine und immer viel zu beschäftigt, um denken zu können (LG 192). Die Erscheinungswelt mit der ungebrochenen Kontinuität menschlicher Geschäfte (LG 252) ist somit die Ordnung und zwischen der Welt und dem »außer der Ordnung« gibt es keine in beide Richtungen durchlässige Verbindung.

persönlich

Vor dem Spätwerk ist der Begriff »persönlich« nicht auf ein autonomes Individuum oder einen Menschen im Singular außerhalb der Welt bezogen, sondern auf den einzelnen Menschen *in der Welt*, den Arendt an den entscheidenden Stellen in *Was heißt persönliche Verantwortung in einer Diktatur?* irritierenderweise Individuum nennt. Der Begriff betrifft im Wesentlichen die Schuld- und Verantwortungsfrage: Politische Verantwortung muss von *persönlicher* Verantwortung unterschieden werden (PVD 22). Der Schuldbegriff kann nur auf *Individuen* angewendet werden (PVD 24). Es ist allerdings unverständlich, dass nur das Individuum schuldig und verantwortlich sein soll, genau genommen für etwas, das es nicht getan haben kann, da ja niemand alleine handeln kann. Im Spätwerk ist die Bedeutung von »persönlich« widerspruchsfreier, weil er nun an Wille und Charakter gebunden ist: »... der Wille, der es mit Projekten und nicht mit Objekten zu tun hat, schafft in gewissem Sinne die *Person*, die gelobt oder getadelt werden und jedenfalls nicht nur für ihre Handlungen verantwortlich gemacht werden kann, sondern für ihr ganzes ›Sein‹, ihren *Charakter*.«[114] »Persönlich« bekommt nun eher die Bedeutung von »individuell« und es greift der Einwand nicht mehr, man könne schlecht persönlich für Handlungen verantwortlich sein, wenn man nicht alleine handeln könne, denn den Charakter hat man alleine geschaffen.[115]

Philosophie

Der Begriff der Philosophie ist in den Schriften vor dem Spätwerk das Synonym für Autonomie, Singularität, Selbst, Vernunft, Denken, Gewissen, Ursächlichkeit, letztlich für das metaphysische Sein. Alles, was philosophisch ist, ist unpolitisch. Philosophie steht somit für die der Politik entgegengesetzten Lebens- und Existenzweise, wobei nur die Politik Wirklichkeit besitzt.

Im Spätwerk gilt es zwar die Philosophie (hier: die Metaphysik) in Politik umzukehren, aber ist das einmal geschehen und geht die Politik danach allem voraus, wird die Philosophie nachrangig.

---

114 LG 210.

115 »[D]er Charakter ist ja im Unterschied zur körperlichen Erscheinung oder den Fähigkeiten dem Selbst bei der Geburt nicht gegeben« (LG 422).

Vielleicht deshalb bezeichnet Arendt Philosophisches im Spätwerk auch nicht mehr als unpolitisch.

Siehe auch: »Vor dem Spätwerk: Ausgangspunkt: Der Konflikt zwischen Philosophie und Politik«.

Pluralität

Pluralität bedeutet Vielheit oder Präsenz der Vielen; Präsenz verlangt Erscheinen. Philosophisch ausgedrückt ist Pluralität »Nicht-Autonomie«. Systemisch ist Pluralität vor dem Spätwerk das wirkliche Gegenstück zur nicht wirklichen Autonomie oder Singularität. Im Spätwerk ist Pluralität das Ganze, das seinen einzelnen Teilen vorausgeht. Die Einzelnen sind wirklich, weil das Ganze wirklich ist. Insbesondere im Spätwerk kann die Welt der Erscheinungen als Synonym gelten, vor dem Spätwerk ist es die Öffentlichkeit.

Systemisch ist Pluralität das Zentrum oder der Ausgangspunkt von Arendts politischer Theorie. Die Präsenz bzw. das Erscheinen der Vielen ist die Voraussetzung für alles Politische. Der Gegenbegriff zur Pluralität ist Singularität, denn Singuläres erscheint nicht. Da Singuläres zugleich autonom ist, kann auch Autonomie als Gegenbegriff gelten.

politisch, Politik, das Politische

»Das Politische bestimmt sich [...] als die Pluralität im Gegensatz zur Singularität [...].«

In Gänze lautet der Eintrag im *Denktagebuch*:[116]

»Das Politische bestimmt sich:

1. als das Öffentliche im Gegensatz zum Privaten,
   als die [polis][117] im Gegensatz zur [oikia],
   als die [polyarchia] im Gegensatz zur [monarchia],
   als die [<u>doxa</u>] im Gegensatz zu [<u>aidos</u>],
   als Gesehen- und Gehört-werden im Gegensatz zum Mit-sich-selbst-Sein;
2. als die Pluralität im Gegensatz zur Singularität,
   als Zusammenleben (Animal sociale) und Zusammenhandeln

[116] DTB 535 f. Auffällig ist, dass Arendt das Politische nicht eigenständig und positiv bestimmt, sondern ausschließlich als den Gegensatz zur singulären Philosophie.

[117] Die Übertragungen der ursprünglich griechischen Begriffe sind dem Wörterverzeichnis des *Denktagebuchs* (1171 ff.) entnommen.

(Animal [politikon]) und Miteinanderreden ([logon echon]) im Gegensatz zum Einen, zur reinen Anschauung und zum [noein] ([nus aneu logu]);

3. als die Vita activa im Gegensatz zur Vita contemplativa;
4. als das Gesellschaftliche im Gegensatz zum Intimen;
5. als die Sicherung des Lebens des ›Geschlechts‹ im Gegensatz zum Leben des Einzelnen, als Gemeinschaft versus Individuum.«

»Politik handelt von dem Zusammen- und Miteinander-Sein der *Verschiedenen.*«[118] Das Politische lässt sich am ehesten als die »*Beziehungen zwischen den Menschen* in der Sphäre des gemeinsamen Handelns«[119] bezeichnen. Als Synonym können gelten: Pluralität, Wir, Welt der Erscheinungen, Öffentlichkeit, die Vielen, das Ganze (im Spätwerk), Gemeinsinn, Handeln und Urteilen über zwischenmenschliche Angelegenheiten. Die Tätigkeiten der politischen Sphäre sind Handeln und Sprechen und, da sich das Sprechen im Be-Urteilen äußert, indirekt auch Urteilen. Das Politische ist zwar die von Menschen gemachte Wirklichkeit, da aber das Machen auch hätte gelassen werden können und die Wirklichkeit somit kontingent ist, ist das Politische die unverursachte, vorgängige, gegebene Wirklichkeit.

Man kann das Politische auch negativ bestimmen, dann ist es das Nicht-Singuläre oder Nicht-Philosophische und da Arendt Philosophie mit Metaphysik gleichsetzt und der zentrale Begriff der Metaphysik der des Seins ist, ist Politik auch Nicht-Sein, somit reine Tätigkeit bzw. Bezüglichkeit.

Siehe auch: »Vor dem Spätwerk: Ausgangspunkt: Der Konflikt zwischen Philosophie und Politik«.

Selbst

Vor dem Spätwerk ist das Selbst der einzelne Mensch, der von den Anderen unabhängig und deshalb autonom ist. Weil das Selbst bloß Umgang mit sich selbst hat, ist es der Gegenbegriff zum Bürger. Selbst und Bürger oder Philosophie und Politik stehen in einem Konflikt, den Arendt an vielen Stellen beschreibt. Einerseits kann das Individuum als Synonym gelten, dann aber auch wieder nicht. Ist der Einzelne in der Welt, aber kein mit-handelnder Bürger, bezeichnet ihn Arendt als Selbst oder auch als Menschen im Singular (ÜB 102). Ist der

---

118 WP 9.

119 PVD 50, Hervorhebung A. S.

Einzelne ganz und gar von den Vielen getrennt, als Beispiel sei der »Philosoph« genannt, weil er sich selbst aus der Welt entfernt hat, nennt sie den Einzelnen das Individuum, mit dem immer Autonomie einhergeht. Aber auch hierfür findet sich eine Ausnahme: Arendt spricht von *persönlicher* Verantwortung (PVD 22). Der Schuldbegriff hat nur Sinn, wo er auf *Individuen* angewendet wird (PVD 24). Alleine das Individuum in der Mehrzahl macht deutlich, dass Arendt hier von Menschen in der politischen Sphäre spricht.

Im Spätwerk folgt das körperlich erscheinende Selbst (LG 422) aus dem Wir, weshalb es nun nicht mehr autonom ist, sondern plural. Nur beim Denken außerhalb der Welt der Erscheinungen wird das körperliche Selbst zum geistigen Ich.

Das Selbst ist Subjekt bloß seiner eigenen geistigen Tätigkeit. Die bloß eigene Tätigkeit ist das vernunftbasierte Denken, das die Welt nicht erreicht, sondern im Selbst verbleibt. Da (im Spätwerk) das Denken das Selbst auf seine Rolle als Zuschauer vorbereitet und das Wollen den Charakter des Selbst schafft (LG 422), wird allerdings der Eindruck erweckt, die geistigen Tätigkeiten seien das eigentliche Subjekt.

Somit ist das Selbst kein politischer Begriff, auch nicht im Spätwerk. Vor dem Spätwerk ist das Selbst als autonomes Individuum der Gegenbegriff zu den »Vielen« und das Selbst als Einzelner, der in der Welt nicht mit-handelt, ist der Gegenbegriff zum »Bürger«. Im Spätwerk ist es nicht der Gegenbegriff zum »Wir«, denn das Selbst *folgt* aus dem Wir; aber das Selbst ist nicht mehr autonom.

Siehe auch: »Besonderheiten des Spätwerks: Das plurale Selbst«.

Singularität

Singularität ist das Synonym für Autonomie und somit der Gegenbegriff zur Pluralität. Singularität, verkörpert durch das Individuum, ist nie Teil von Pluralität, sondern deren *Gegenteil*. Somit bildet sich Pluralität nicht aus Singularitäten. In der Pluralität existiert keine Singularität an sich, auch nicht im Spätwerk, denn man kommt nicht vom Selbst zum Wir (LG 426 f.). So, wie man Politik auf Pluralität verkürzen kann, kann man Philosophie auf Singularität verkürzen.

sozial

»Sozial« gehört bei Arendt zum Begriff der Gesellschaft, nicht jedoch zu dem der Politik. Das Soziale ist zwar öffentlich, aber nicht politisch. Hier entstehen ähnliche Verständnisschwierigkeiten wie beim Begriff der Gesellschaft, denn sowohl das Soziale wie die Gesellschaft implizieren Viele, mithin Politik.

Sprache (Handeln, nicht Denken)

Arendt verbindet Sprache mit Handeln und Urteilen, Urteilen jedoch nicht mit Denken oder Vernunft.

Für die Verbindung von Sprache und Handeln steht *Vita activa*: Alles politische Handeln vollzieht sich durch Sprechen (VA 36). »Wo immer es um die Relevanz der Sprache geht, kommt Politik notwendigerweise ins Spiel; *denn Menschen sind nur darum zur Politik begabte Wesen, weil sie mit Sprache begabte Wesen sind.*«[120] Hier ist Vorsicht geboten: Das Zitat klingt nur deshalb so unspektakulär, weil der Leser annimmt, dass Sprache und Vernunft bzw. Denken (Philosophie) zusammenhängen. Arendt hebt jedoch die *Verbindung von Sprache und Politik* hervor und Politik ist bei ihr das Gegenteil von Philosophie. In der Sprache versinnbildlicht sich der Primat des Politischen: Man kann nur deshalb mit sich selbst sprechen, das heißt denken, weil man mit anderen sprechen kann (DTB 688).

Sprechen und Handeln sind wie Fäden, die in ein bereits vorgewebtes Muster geschlagen werden. »Sind die Fäden erst zu Ende gesponnen, so ergeben sie wieder klar erkennbare Muster bzw. sind als Lebensgeschichten erzählbar.«[121] Zwar ist die Person zugleich Held und Veranlasser der Geschichte, die Geschichten sind jedoch nicht eigentlich Produkte eines Autors. Kein Mensch kann sein Leben »gestalten«, obwohl er die Geschichte selbst beginnt. Der Geschichte fehlt gleichsam ihr Verfasser. »Jemand hat sie begonnen, hat sie handelnd dargestellt und erlitten, aber niemand hat sie ersonnen.«[122] Mit anderen Worten: Handeln und Sprechen gehen nicht aus Denken hervor. Deshalb entfällt in *Vita acitva* das höchste und vielleicht reinste Tätigsein, das Denken (VA 14). Ausgelassen wird ebenso die Fähigkeit der Vernunft (VA 19). Folglich haben Handeln und Sprechen mit Vernunft nichts zu tun.

---

120 VA 11, Hervorhebungen A. S.

121 VA 226.

122 VA 227.

Im ersten Band des Spätwerks beschäftigt sich Arendt erneut mit der Sprache, sie widmet ihr zwei Kapitel. Zuvor jedoch wiederholt sie die *Trennung von Vernunft bzw. Denken und Sprache*:

> »Wir haben die wichtigsten Eigenschaften der Denktätigkeit betrachtet: ihren Rückzug von der Alltagswelt der Erscheinungen, ihre zerstörerische Tendenz bezüglich ihrer eigenen Ergebnisse, ihre Reflexivität und das sie begleitende Bewusstsein reiner Tätigkeit, dazu die höchst merkwürdige Tatsache, dass man von den Vermögen seines Geistes nur solange weiß, wie die Tätigkeit dauert, und das bedeutet, dass das Denken selbst nie als eine oder gar die höchste Eigenschaft des homo sapiens zweifelsfrei festgestellt werden kann – man kann den Menschen definieren als das ›redende Lebewesen‹ in dem Aristotelischen Sinne des ›logon echôn‹ (mit Sprache begabt), aber nicht als das denkende Lebewesen, das animal rationale.«[123]

Mit dieser erneuten Trennung von Vernunft und Sprache betont Arendt abermals, dass Denken und Handeln in keiner kausalen Beziehung stehen. Sprache entspricht dem gemeinen Verstand und folgt ihm (LG 123). Der gemeine Verstand oder Gemeinsinn entspricht der Welteigenschaft des Wirklichseins (LG 60). Wirklichkeit lässt sich nicht durch Denken ableiten (LG 58), sie bleibt dem Denken auf immer unzugänglich (LG 61). Im Umkehrschluss: Wirklichkeit kann nur sprachlich und durch die Präsenz der Vielen erfasst werden.

subjektiv

Vom politischen Standpunkt aus, den Arendt in ihrer politischen Theorie durchgehend einnimmt, bedeutet »subjektiv«: nicht auf die Welt, sondern auf das Selbst bezogen; nur das Selbst und nicht die Welt betreffend. Vor dem Spätwerk philosophisch, im Spätwerk aus dem Politischen bzw. der Pluralität abgeleitet.

---

123 LG 94.

Umkehr der metaphysischen Hierarchie

Am Ende des ersten Bandes von *Vom Leben des Geistes* spricht Arendt von der Grundannahme ihrer Untersuchung:

> »Ich sprach von den metaphysischen ›Trugschlüssen‹ [...]. Mit anderen Worten, ich bin eindeutig denen beigetreten, die jetzt schon einige Zeit versuchen, die Metaphysik und die Philosophie mit allen ihren Kategorien, wie wir sie seit ihren Anfängen in Griechenland bis auf den heutigen Tag kennen, zu demontieren. Eine solche Demontage ist nur möglich, wenn man davon ausgeht, dass der Faden der Tradition gerissen sei und wir ihn nicht erneuern können.«[124]

In der Einleitung zum ersten Band erläutert sie, dass die philosophische Tradition aus dem Grund, aus dem sich etwas erhebt, die Ursache gemacht hat, die es hervorbringt, und der Ursache dann einen höheren Grad von Wirklichkeit zugeschrieben hat als dem, was bloß dem Auge erscheint. »Die Auffassung, der Ursache komme ein höherer Rang zu als der Wirkung (so dass diese leicht durch Zurückführung auf ihre Ursache abgetan werden kann), gehört vielleicht zu den ältesten und hartnäckigsten Irrtümern.«[125] Der Grundirrtum, dem alle spezifischen metaphysischen Trugschlüsse nachgeordnet sind, lautet: *»Die Vernunft ist nicht auf der Suche nach Wahrheit, sondern nach Sinn. Und Wahrheit und Sinn sind nicht dasselbe.«*[126] Die »Berichtigung dieser Irrtümer« (LG 40) erfolgt meines Erachtens über die »Umkehr der metaphysischen Hierarchie« (Kapitelüberschrift LG 36).

Die Umkehr von Philosophie in Politik hat verschiedene Folgen: Autonomie wird in Abhängigkeit von der Präsenz der Vielen, autonomes Sein in gemeinsames Handeln, Ursächlichkeit in den Primat des unbestimmten, gegebenen Ganzen umgekehrt (womit die Wechselseitigkeit aufgehoben wird). Da Arendt der Philosophie einen Herrschaftsanspruch unterstellt, ist Philosophie eine Bedrohung der Politik. Der Zweck der Umkehr ist somit das Brechen der Abhängigkeit der Politik von der Philosophie. Man kann die Methode der Umkehr der metaphysischen Hierarchie aber auch als Methode zur Demontage der Metaphysik und Philosophie und aller ihrer Kategorien verstehen.

---

124 LG 207.

125 LG 35.

126 LG 25, Hervorhebungen H. A.

Siehe auch: »Im Spätwerk: Die ›Umkehr der metaphysischen Hierarchie‹, an deren Spitze das autonome Individuum steht« und »Kritik des Primats der Politik«.

unpolitisch

Das Wort »unpolitisch«, das nur in den Schriften vor dem Spätwerk von Arendt verwendet wird, hat in ihrer politischen Theorie eine wichtige systemische Funktion. Unpolitisch sind Willensfreiheit (FP 212), (Vernunft-)Wahrheit (WuP 68; in WuP 86 ist die Wahrheit »nichtpolitisch und potentiell antipolitisch«) und Gewissen (ZU 289). Was unpolitisch bedeutet, wird ersichtlich in WuP 68: Philosophie und der Mensch im Singular. Unpolitisch meint also: dem Politischen *entgegengesetzt*. Der Politik entgegengesetzt ist die Philosophie.

Im Spätwerk kann es nichts Unpolitisches geben, weil alles aus der vorgängigen Pluralität folgt. Was zuvor unpolitisch war, ist nun unbedeutend oder nicht relevant.

ursächlich, Ursache, Inneres

Die Ursache drückt aus, dass sich die Wirkung auf einen identifizierbaren Auslöser zurückführen lässt. Damit determiniert die Ursache als »Kausalkette« (LG 433) die Wirkung, womit die Wirkung zur geerbten Singularität wird. Das widerspricht Arendts Vorstellung des Primär-Politischen, in dem es so etwas wie notwendige Kausalität nicht geben kann. Arendt bestimmt das Politische als Pluralität, das ist die unbestimmte und unbestimmbare Präsenz der Vielen, als Gegensatz zur Singularität (DTB 536). Somit kann in der Politik nie ein bestimmtes Einzelnes ursächlich sein, denn in der Politik gibt es nichts Einzelnes als Einzelnes. Deshalb kann Arendt auch sagen, dass die Auffassung, der Ursache komme ein höherer Rang zu als der Wirkung, zu den ältesten und hartnäckigsten metaphysischen Irrtümern gehört (LG 35). Diesen Irrtum versucht sie mit der Umkehr der metaphysischen Hierarchie (LG 36) zu beheben: Der Primat der Ursache wird in den Primat der Erscheinung = Wirkung umgekehrt.

Die Ursache ist auch deshalb ein philosophischer Begriff, weil er mit dem Inneren korrespondiert. Inneres, das auch die Bedeutung von Wesen hat, erscheint nicht: Der abstrakte Begriff des Wesens hat keinen Ort; bemächtigt sich das Denken des Wesens, verlässt es die Welt der Einzeldinge (LG 195). Unser inneres Leben ist unsichtbar (LG 78). Es gehört zu den metaphysischen Vorurteilen, dass das Wesentliche unter der Oberfläche liegt und Inneres, unser »Innenleben«, maßgeblich dafür ist, wer wir »sind« als das äußerlich Erscheinende (LG 40).

Mit der Umkehr wird auch der Primat des Inneren in den Primat der Oberfläche umgekehrt.

Urteilen, Urteil, Urteilskraft

Die Begriffe »Urteil«, »urteilen« und »Urteilskraft« verwendet Arendt synonym. Sie haben immer etwas mit einem Prozess zu tun. Urteilen ist das unablässige und nie zu einem Ende kommende öffentliche Beurteilen der Zuschauer; die Zuschauer äußern »Gefallen oder Missfallen« (LG 443) des Schauspiels als Meinung. Eine Meinung ist immer eine unter vielen. Sie ist nicht absolut oder notwendig wahr und kann Geltung nur für die Gemeinschaft beanspruchen, deren Mitglied man gerade ist (ÜB 141). Urteilskraft ist nicht praktische Vernunft (U 28), deshalb ist Urteilen *nicht* – wie bei Kant – Denken, sondern Handeln. Oder anders herum: Handeln ist Urteilen, denn das Handeln der Schauspieler ist ohne Sachabsicht und unverursacht, es geschieht einfach zu dem Zweck, durch die Zuschauer beurteilt zu werden.

Eine ausführliche Darlegung des Urteilens erfolgt zunächst in den *Moral-Vorlesungen* (ÜB 137 ff.). Das Urteil, der »Schiedsrichter zwischen Recht und Unrecht, schön und hässlich, wahr und unwahr«[127] habe Kant als das Vermögen bestimmt, das immer ins Spiel komme, wenn wir uns mit dem Besonderen befassen, so Arendt. Bei allen Fällen von Vernunft und Wissen – also bei allen »unpolitischen« Fällen – subsumiert das Urteil das Besondere unter die entsprechende allgemeine Regel (ÜB 137). Bei Urteilen über Geschmacksfragen ergibt sich allerdings die Schwierigkeit, dass hier keine festen Regeln und Normen angewandt werden können. Wie kann man dann aber wissen, dass subjektive Urteile Gültigkeit besitzen (ÜB 138)? Arendt reduziert also das Urteil auf das *Geschmacksurteil.* Sie fragt nach dem Garanten des Urteils, der nicht die subjektive, nur auf das bestimmte Selbst beschränkte Vernunft sein kann, und bestimmt ihn als den Gemeinsinn. Der Gemeinsinn ist der Boden, auf dem sich die Urteilskraft herausbildet, wenn immer sie ausgeübt wird (ÜB 139). Gemeinsinn sei für Kant nicht ein Sinn, der uns allen

---

[127] ÜB 137.

gemeinsam sei, sondern jener Sinn, der uns in eine Gemeinschaft mit Anderen einpasse und uns erst in die Lage versetze, Dinge, die unseren Privatsinnen gegeben seien, zu kommunizieren (ÜB 140).[128] Der Gemeinsinn ist für Arendt folglich kein subjektiver oder Privatsinn, sondern ein Sinn, der den Privatsinnen vorausgehen muss, damit die Privatsinne in ihn eingepasst werden können. Der Gemeinsinn macht den Menschen zum Mitglied einer Gemeinschaft (ÜB 141). In der Gemeinschaft urteilt man mit dem Gemeinsinn, der ein allgemeiner Sinn ist. Kant würde sagen, dass die Gemeinschaft der Menschen einen Gemeinsinn hervorbringe (ÜB 143). Auch wenn man in Gemeinschaft beim eigenen Urteil Andere berücksichtigt, sind doch nicht alle eingeschlossen. Die Gültigkeit des eigenen Urteils ist deshalb nicht universal, sondern reicht so weit, wie die Gemeinschaft, zu der man gehört. Man kann die Gültigkeit der eigenen Urteile, die die Anderen berücksichtigen, nur auf die Sphäre der Urteilenden ausdehnen, also auf die Menschen, die auch urteilen (ÜB 141 f.). Die Gültigkeit des Gemeinsinns erwächst aus dem Umgang mit den Menschen, so wie das Denken aus dem Umgang mit sich selbst entsteht (ÜB 143). Hier ist die Unterscheidung zwischen Urteilen und Denken nach dem jeweiligen Vollzugsort zu beachten. Urteilen findet in der Öffentlichkeit statt, Denken nicht.

Der Gemeinsinn – jener Sinn, durch den man zum Mitglied einer Gemeinschaft wird – ist die Mutter der Urteilskraft (ÜB 143). Also kann keine moralische Frage beurteilt werden, ohne im Stillen die Urteile Anderer heranzuziehen. Man muss versuchen, die Zustim-

---

128 Hier gibt Arendt ihre eigene Auffassung wieder, nicht jedoch Kants. Kant betrachtet den Gemeinsinn nicht als Sinn, der die Menschen in eine Gemeinschaft mit Anderen einpasst: Unter dem Gemeinsinn versteht Kant ein subjektives Prinzip, das zwar durch Gefühl, aber doch allgemeingültig bestimmt, was gefällt oder missfällt: Der Gemeinsinn fälle das Geschmacksurteil. Urteile müssten sich mitteilen lassen, sonst komme ihnen keine Übereinstimmung mit dem Objekt zu. Die allgemeine Mitteilbarkeit eines Gefühls setze einen Gemeinsinn als notwendige Bedingung voraus. Beim ästhetischen Urteil legten wir ein gemeinschaftliches Gefühl zugrunde, dazu könne der Gemeinsinn nicht auf Erfahrung gründen, denn er wolle zu Urteilen berechtigen, die ein Sollen enthalten. Er sage nicht, dass jedermann unserem Urteil zustimmen werde, sondern zustimmen solle. Das Geschmacksurteil, als Urteil des Gemeinsinns, sei als Prinzip zwar nur subjektiv, könne aber objektive, allgemeine Bestimmung fordern. Diese unbestimmte Norm eines Gemeinsinns werde von uns als wirklich vorausgesetzt, das werde durch unsere Anmaßung, Geschmacksurteile zu fällen, bewiesen (*Kritik der Urteilskraft*, 64 ff.). Bei Kant ist der Gemeinsinn ein Sinn, der allen Subjekten gleichermaßen zukommt, und kein Sinn, der seine Wurzeln – wie bei Arendt – in der Welt hat.

mung der Anderen zu gewinnen. Arendt kommt zu dem Schluss, dass nichts von dieser Art in Kants Moralphilosophie erforderlich ist (ÜB 144). Auch diese Schlussfolgerung betont, dass Arendt zwischen dem Einzelnen, der sich nicht in eine Gemeinschaft einpasst (und auf den Arendt Kants Moralphilosophie anwendet), und dem Einzelnen, der Mitglied einer Gemeinschaft ist, unterscheidet. Der Einzelne als Einzelner denkt, der Einzelne als Mitglied einer Gemeinschaft urteilt, und beide Tätigkeiten können nicht von ein und demselben Einzelnen vollzogen werden, zumindest nicht zur selben Zeit.

Im *Denktagebuch* unterscheidet Arendt zwischen der bestimmenden und der reflektierenden Urteilskraft wie folgt: Bestimmende Urteilskraft = Präsenz des Allgemeinen, das Apriori der Vernunft; reflektierende Urteilskraft = Präsenz der Anderen (DTB 570). Bei der bestimmenden Urteilskraft geht man von der Erfahrung des »Ich denke« und der also im Selbst gegebenen (apriorischen) Prinzipien aus, in der reflektierenden Urteilskraft hingegen von der Erfahrung der Welt in ihrer Besonderheit (DTB 569).

In *Vom Leben des Geistes* wird das Urteilen bzw. die Urteilskraft zu einem problematischen Begriff. Es ist zunächst fraglich, ob die Urteilskraft weiter im Gemeinsinn wurzelt, denn im Spätwerk folgt aus dem Gemeinsinn nicht mehr die Urteilskraft, sondern das Gefühl der Wirklichkeit (LG 61 f.). Der »gemeine Verstand« oder der »sechste Sinn« hat keine weitere Funktion, als die Menschen in die von ihren fünf Sinnen gelieferten Welt der Erscheinungen einzufügen und sie in ihr heimisch werden zu lassen (LG 68). Alles, was dem Gemeinsinn und seiner Fortsetzung, die bei Kant Verstand heiße, unterkommt, ist kontingent (LG 69).

In den *Moral-Vorlesungen* war die Urteilskraft die Fortsetzung des Gemeinsinns. Im Spätwerk ist die Fortsetzung des Gemeinsinns der Verstand. Urteilskraft und Verstand sind aber nicht dasselbe. Die drei grundlegenden geistigen Tätigkeiten sind Denken, Wollen und Urteilen, die sich – obwohl sie gewisse gemeinsame Eigenschaften haben – nicht auseinander ableiten lassen und nicht auf einen gemeinsamen Nenner gebracht werden können. Denken ist ein Bedürfnis der Vernunft. Der Wille ist nichts anderes als die Gesamtursache des Wollens (LG 75, Zitat Johannes Duns Scotus).

> »Und die Urteilskraft, jene geheimnisvolle Fähigkeit des Geistes, die das Allgemeine, das stets eine geistige Konstruktion ist, und das Besondere, das stets in der Sinneserfahrung gegeben ist, zusammen-

> bringt, ist ein ›besonderes Talent‹ und *auf keine Weise im Verstand enthalten,* nicht einmal im Falle der ›bestimmenden Urteilskraft‹ – die das Besondere unter allgemeine Regeln in Form eines Syllogismus subsumiert –, weil es keine Regel für die *Anwendungen* der Regel gibt. […] Die Selbständigkeit der Urteilskraft ist noch deutlicher im Falle der ›reflektierenden Urteilskraft‹, die nicht vom Allgemeinen zum Besonderen fortschreitet, sondern vom Besonderen zum Allgemeinen, indem sie ohne irgendwelche allgemeinen Regeln urteilt: Dies ist schön, jenes ist hässlich, dies ist recht, jenes ist unrecht; und eine diesbezügliche Richtlinie ›kann also die reflektierende Urteilskraft sich nur selbst als Gesetz geben‹.«[129]

Von welcher Urteilskraft spricht sie dann aber, wenn sie sagt, dass das *Denken* zwei Nebenprodukte hat: Gewissen und Urteilskraft (LG 192)?

Selbst wenn wir berücksichtigen, dass Arendt im ersten Band des Spätwerks nicht von der öffentlichen Urteilskraft spricht, die Gegenstand des dritten Bandes geworden wäre, sondern sozusagen von der bloß eigenen Urteilskraft, bleibt das Problem der Unterscheidung von Gewissen bzw. Denken oder Vernunft und Urteilskraft, wenn doch die Urteilskraft neben Denken und Wollen ein eigenes geistiges Vermögen sein soll und Gewissen nicht Urteilkraft ist.

Siehe auch: »Besonderheiten des Spätwerks: Wie kann Denken Urteilen als Nebenprodukt haben, wenn Denken und Urteilen zwei unterschiedliche Vermögen sind?«.

Vernunft (Selbst)

Vernunft ist ein philosophischer und – in den Schriften vor dem Spätwerk – ein explizit unpolitischer, wenn nicht ein anti-politischer Begriff.

Über Arendts ganzes Werk hinweg ist die Vernunft ein singuläres Vermögen, das sich auf das Selbst bezieht. Vernunft ist das Synonym für Denken und Denken kann nur der Einzelne allein.

Vernunft beschäftigt sich nur mit Dingen, die der Mensch nicht verändern kann (LG 293). In *Wahrheit und Politik* (92) heißt es: »Wahrheit könnte man begrifflich definieren als das, was der Mensch nicht ändern kann […].« Folglich stehen Wahrheit und Vernunft über den Begriff der Notwendigkeit in einem engen Verwandtschaftsverhältnis.

---

[129] LG 75 f., erste Hervorhebung A. S.

Träger der Vernunft ist bei Arendt immer der einzelne Mensch, das Individuum oder das Selbst, das Selbst ist der gebräuchlichste Begriff. Das Selbst gibt einfach nur den Bezugspunkt der (geistigen) Tätigkeit der Vernunft wieder, die in der Welt nie Ursache ist.

In den Schriften vor dem Spätwerk ist Vernunft (= Denken/Gewissen) der Gegenbegriff zum Gemeinsinn, aus dem die Urteilskraft erwächst. Diese Gegensätzlichkeit betont Arendt noch in den *Kant-Vorlesungen,* in denen sie Kant folgende Unterscheidungen zuschreibt: Kant habe zwischen der Menschengattung, das sei die Menschheit, dem Menschen und den Menschen unterschieden. *Der* Mensch sei ein vernünftiges Wesen, das den Gesetzen der praktischen Vernunft, die er sich selbst gebe, unterworfen sei; er sei autonom, Zweck an sich selbst und lebe in einer Sphäre intelligibler Wesen, einem »Geisterreich«. *Die* Menschen seien hingegen in Gemeinschaft lebende Erdenbewohner, mit Gemeinsinn bzw. einem gemeinschaftlichen Sinn ausgestattet; sie seien nicht autonom und bräuchten selbst zum Denken die Gemeinschaft (U 45).[130]

Im Spätwerk geht die Welt dem Selbst und somit der Vernunft *voraus*. Das Selbst steht jetzt nicht mehr im Gegensatz zur Welt, sondern folgt aus der Pluralität. Deshalb wird die Welt aber nicht durch Vernunft konstituiert. Auch im Spätwerk bleibt das Selbst – außer in Ausnahmesituationen – ohne jede politische Relevanz und mit dem Selbst somit auch die Vernunft, denn nach wie vor wird die Vernunft nur außerhalb der Welt betätigt. Sie kann also nicht die Ursache für das Handeln in der Welt sein.

Wenn Vernunft das Synonym für den Geist des Menschen ist, was ist dann der Verstand? Die Frage ist insofern von Interesse, als Arendt den Verstand nicht ebenfalls als ein geistiges Vermögen versteht. Verstand oder Gemeinsinn sind vor dem Spätwerk das Gegenteil von Vernunft. Gründet die Vernunft im Selbst, muss der Verstand in der Welt gründen. Im Spätwerk geht der Verstand der

---

130 Es versteht sich von selbst, dass Kant nicht zwischen drei oder zwei Menschentypen unterscheidet, sondern dass er vom autonomen und vernunftbegabten (Allgemein-)Menschen zu den in Gemeinschaft lebenden Menschen weiterschreitet, die in der Summe die Menschheit bzw. die Gattung der Menschen bilden. Moral und Politik sind keine entgegengesetzten Sphären. Bei Kant käme man vom Selbst zum Wir. Das zeigt sich auch in folgender Variante des kategorischen Imperativs: »Handle so, dass du die Menschheit sowohl in deiner Person, als in der Person eines jeden anderen jederzeit zugleich als Zweck, niemals bloß als Mittel brauchst« (*Grundlegung zur Metaphysik der Sitten*, 429).

Vernunft voraus. Welt/Verstand ist objektiv, Selbst/Vernunft ist subjektiv. Aus dem Primat der Politik folgt, dass bei Arendt die Fähigkeit, die Regeln anzuwenden, ursprünglicher ist als die Fähigkeit, die Regeln zu haben.

Wahrheit, Wahrheitssagen, Vernunft- und Tatsachenwahrheit

Wenn Arendt von Wahrheit spricht, meint sie in der Regel Vernunftwahrheit, die das metaphysische Sein betrifft. Wahrheit ist – anders als Meinung – absolut und notwendig; sie ist unabhängig von Anderen und auch ohne die Anderen gültig. Ob der Wahrheitsbegriff auch für Tatsachenwahrheiten oder nur für Vernunftwahrheiten gilt, ist m. E. unklar.[131] Das Wahrheitssagen ist nicht bloß das Sagen, was objektiv »ist«, sondern beendet den politischen Veränderungsprozess. Deshalb müsste bei Arendt auch die politische Tatsachenwahrheit, obwohl sie eine politische Meinung betrifft, unpolitisch sein. Das sagt Arendt indirekt auch, wenn sie vom nichtpolitischen und potentiell antipolitischen Charakter der Wahrheit spricht (WuP 86), ohne die Wahrheit zu spezifizieren.[132] Das Unpolitische der Wahrheit wäre somit nicht auf die philosophische Wahrheit beschränkt, die den Menschen im Singular betrifft (WuP 68).

(Alleiniges) Denken zielt auf Wahrheit, (öffentliche) Überlegung führt zur Meinungsbildung (WuP 62). Vernunftwahrheiten besitzen für den menschlichen Verstand zwingende Evidenz und erscheinen ihm als notwendig (WuP 63).

---

131 Das *Metzler Lexikon Philosophie* unterscheidet Vernunft- und Tatsachenwahrheit (nach Leibniz, auf den sich Arendt bei dieser Frage ebenfalls bezieht, jedoch ohne sich um die Legitimität der Unterscheidung weiter zu bekümmern, WuP 48) wie folgt: Vernunftwahrheiten seien notwendig, ihr Gegenteil könne nicht widerspruchsfrei gedacht werden. Tatsachenwahrheiten seien zufällig und ihr Gegenteil sei möglich (und könne widerspruchsfrei gedacht werden). Keine Tatsache könne als wahr oder existierend, keine Aussage als wahrhaftig befunden werden, ohne dass ein zureichender Grund angegeben werden könne (*Metzler Lexikon Philosophie*, Peter Prechtl, Franz-Peter Burkhard (Hrsg.), J. B. Metzler Verlag, Stuttgart, 3. Auflage, 2008, S. 654). Man kann also sagen, dass Vernunftwahrheiten nicht mit der Wirklichkeit abgeglichen werden müssen, sie gelten immer. Tatsachenbehauptungen müssen hingegen mit der Wirklichkeit abgeglichen werden. Bei Leibniz kann das auch ein Einzelner, bei Arendt müssen das die Vielen. Mit Arendt lassen sich Vernunft- und Tatsachenwahrheit wie folgt unterscheiden: Vernunftwahrheiten betreffen das metaphysische Sein, Tatsachenwahrheiten das politische Handeln.

132 Sie sagt auch: »Wenn man Wahrheit mit Notwendigkeit identifiziert, kann es Tatsachenwahrheit in der Tat nicht geben« (WuP 64).

Der Bereich menschlicher Angelegenheiten befindet sich in einem steten Fluss, und in diesem Zustand der Veränderung sind die Meinungen der Menschen (über Tatbestände) ebenfalls einem ständigen Wechsel unterworfen. Ihnen stellt der Philosoph die Wahrheit über göttliche Dinge entgegen, die von immerwährender Dauer sind. Diese Wahrheit ist beständig und kann deshalb von Platon genutzt werden, Prinzipien zur Stabilisierung auch der menschlichen Angelegenheiten abzuleiten. Im Bereich der menschlichen Angelegenheiten legt aber jeder Anspruch auf absolute Wahrheit, die von den Meinungen der Menschen unabhängig zu sein vorgibt, die Axt an die Wurzeln aller Politik (WuP 50 f.)

Tatsachen lassen sich nach Arendt durch Lügen ändern (WuP 73 f.). Vernunftwahrheiten kann der Mensch hingegen nicht ändern (WuP 92). Alle Aussagen, die auf Veränderung des Bestehenden abzielen, also auch das Lügen, sind Formen des Handelns. Während Lügen immer zuerst ein Handeln ist, ist das Wahrheitssagen dies gerade nicht (WuP 73).

Auch im Spätwerk ist die Wahrheit nicht politisch, allerdings gehört sie nun nicht mehr zur Vernunft: Die Vernunft ist nicht auf der Suche nach Wahrheit, sondern nach Sinn. Und Wahrheit und Sinn sind nicht dasselbe. Der Grundirrtum, dem alle metaphysischen Trugschlüsse nachgeordnet sind, besteht darin, Sinn als Wahrheit aufzufassen (LG 25).[133]

Weil Wahrheit mit Notwendigkeit einhergeht, kann bei Arendt Wahrheit nicht politisch sein. Wahrheit ist der Gegenbegriff zu Wirklichkeit, die zufällig ist und immer auch anders sein könnte.

Welt (der Erscheinungen)

»Welt der Erscheinungen« oder »Erscheinungswelt« sind im Wesentlichen Begriffe des Spätwerks, die die Begriffe der Öffentlichkeit und der politischen Sphäre ersetzen. Die Welt – in der man gemeinsam handelt, aber nicht denkt – ist der Erscheinungsraum für Menschen. Es gilt der Primat der Erscheinung für alle Lebewesen (LG 32). Sein und Erscheinen sind dasselbe. Es gibt in dieser Welt nichts und niemanden, dessen bloßes Sein nicht einen Zuschauer voraussetzt. Kein

---

[133] Zwar bleibt Wahrheit erkennbar unpolitisch, aber wird nun Vernunft politisch, weil sie sich um Sinn kümmert und Sinn sich immer auf das Politische (als Ganzes oder Geschichte) bezieht?

Seiendes existiert für sich allein, jedes Seiende soll von jemandem wahrgenommen werden (LG 29). Jedes erscheinende Objekt hat sein intentionales Subjekt. Was auch immer (körperlich) erscheint,[134] ist auf einen Empfänger gemünzt (LG 55). Erscheinungen sind »Oberflächenerscheinungen« (LG 41). In der »Alltagswelt der Erscheinungen« (LG 94) erscheint nicht der Grund, sondern die Oberfläche (LG 34).

In der Welt handeln und urteilen Menschen zusammen, außerhalb der Welt der Erscheinungen denkt das Selbst im Alleinsein. Die Zuschauer gehen zwar in Distanz zum Schauspiel, sind aber nicht allein, sondern urteilen von einer Sonderposition innerhalb der Welt über das »Ganze« (LG 99). Zum Denken muss das Selbst hingegen aus der Erscheinungswelt heraustreten, Denken erfordert Alleinsein. Das Selbst spaltet sich aus der Vielheit der Menschen zum Alleinsein ab (LG 427).

Der Sinn der Welt ist es folglich, den Raum für das Erscheinen zu geben. Zugleich wird dieser Raum nicht dadurch geschaffen, dass die Menschen erscheinen, sondern dadurch, dass sie sich in ihm um ihre zwischenmenschlichen Angelegenheiten kümmern oder Meinungen austauschen. Es geht in der Welt nicht um Menschen, sondern um ihre Bezüge, die über zwischenmenschliche Angelegenheiten hergestellt werden. Im Aristotelischen Sinn (*Politik*, I 1253a 19ff.) ist die Welt aber auch die (gegebene) Ordnung, die als Ganzes ursprünglicher ist als ihre Teile.

Das Synonym für die Welt der Erscheinungen ist Wirklichkeit. Das Gegenstück zur wirklichen Welt der Erscheinung, in der gehandelt und geurteilt wird, ist der Raum des Denkens, der ein »Geisterreich« (U 45) »außer der Ordnung« (LG 84) ist.

Wir

Das Wir ist erst im Spätwerk ein Begriff. Es bezeichnet Gemeinschaften, in denen die vielen Zusammenlebenden in Wort und Tat miteinander verkehren, geregelt durch Gesetze, Sitten, Gebräuche und Ähnliches. Das Wir ist die Sphäre der menschlichen Pluralität oder des Handelns bzw. die wahre Pluralität des Handelns (LG 426 f.). Zwar entsteht das Wir überall dort, wo Menschen zusammenleben (LG 427), dennoch ist sein Anfang in Dunkelheit und Geheimnis gehüllt (LG 428).

---

134 »[D]er Charakter ist ja im Unterschied zur *körperlichen Erscheinung* […] dem Selbst bei der Geburt nicht gegeben …« (LG 422, Hervorhebung A. S.).

Es ist keine Summe von Subjekten (keine Erweiterung des dualen Ich-und-ich zu einem pluralen Wir), man kommt nicht vom Selbst zum Wir (LG 426 f.). Die Pluralität des Wir ist gänzlich unbestimmt. Wäre sie bestimmt – und hätte somit bestimmbare Bezugspunkte – würde sie auf Autonomie beruhen. Dann ginge aber das Denken dem Handeln voraus, der Einzelne wäre in der Welt Ursache, er könnte über die Vielen herrschen und man käme vom Selbst zum Wir.

Der philosophische Gegenbegriff des unbestimmten Wir ist das bestimmte, autonome Individuum.

wirklich, Wirklichkeit

Wirklichkeit ist ein anderes Wort für die Welt der Erscheinungen und beinhaltet Äußerlichkeit und Oberfläche, schließt Innerlichkeit und Ursachen jedoch aus. Die Behauptung, »es gebe in der Wirklichkeit so etwas wie Ursache und Wirkung, Absicht und Ziel«[135], würde Arendt zu den metaphysischen Irrtümern zählen. Wirklichkeit ist keine Frage des Denkens. Wirklichkeit lässt sich nicht ableiten (oder durch Denken konstituieren), das Denken kann sie bloß annehmen oder ablehnen (LG 58).

Folglich ist Wirklichkeit dem Denken gegeben. Vernunft ist nicht in der Lage, Wirklichkeit zu erkennen, denn der Ort des Denkens ist nicht die Welt der Erscheinungen. Das Vermögen, die gegebene Wirklichkeit zu erkennen, ist der Gemeinsinn, der sich mittels der Sprache in der Welt manifestiert. Die Verknüpfung von Wirklichkeit und Gemeinsinn erläutert Arendt im Spätwerk wie folgt: Die Wirklichkeit dessen, was man wahrnimmt, wird durch seinen welthaften Zusammenhang gewährleistet, zu dem einerseits Andere gehören, die wie man selbst wahrnehmen, andererseits gehört das Zusammenspiel der eigenen fünf Sinne dazu (LG 59). In der Erscheinungswelt wird Wirklichkeit durch eine dreifache Gemeinsamkeit gewährleistet: Erstens: die fünf Sinne haben denselben gemeinsamen Gegenstand. Die Vertreter einer Art haben zweitens einen gemeinsamen Kontext, der jedem einzelnen Gegenstand seine besondere Bedeutung verleiht. Drittens nehmen alle anderen mit Sinnen begabten Wesen zwar diesen Gegenstand aus völlig verschiedenen Perspektiven wahr, sind sich aber über seine Identität einig. Aus dieser dreifachen Übereinstimmung erwächst die Wirklichkeits*empfindung* (LG 59 f.). Der welthafte Zusammenhang zwischen eigener Wahrnehmung und Wirklichkeit

135 LG 400. Arendt beruft sich hier auf Nietzsche, der die Behauptung ablehne.

wird durch den Gemeinsinn geschaffen: Dem Gemeinsinn entspricht »die Welteigenschaft des *Wirklichseins*«. Die Wirklichkeitsempfindung ist streng genommen keine Wahrnehmung. Wirklichkeit ist *da*, auch wenn wir nie sicher sein können, dass wir es wissen (C. S. Peirce) (LG 60). Die Wirklichkeit ist dem Gemeinsinn in ihrem »schlechthinnigen Da-Sein« gegeben. Der Gemeinsinn und die Wirklichkeitsempfindung gehören zu unserer biologischen Ausstattung (LG 61). Aus dem Gemeinsinn entspringt (oder kommt) ein *Gefühl* der Wirklichkeit, das man verliert, wenn man denkt (und sich dafür aus der Welt der Erscheinungen zurückzieht) (LG 62).

Wirklichkeit ist ein politischer Begriff. Der Gegenbegriff ist nicht Fiktion. Eher ist Fiktion eine Form der Wirklichkeit. Der Gegenbegriff ist deshalb Wahrheit.

Wollen, Wille

Es gibt in Arendts Werk keinen politischen Willen, zumindest nicht in den hier herangezogenen Texten. Wollen oder Wille sind für ihre politische Theorie nicht relevant. Arendt kennt den Willen vor dem Spätwerk nur in Zusammenhang mit der philosophischen Willensfreiheit des Selbst, die unpolitisch ist (FP 212). Im Spätwerk schafft der Wille den Charakter des Selbst (LG 422).

Systematisch behandelt sie den Willen oder das Wollen erstmals in den *Moral-Vorlesungen*. Es ist jedoch nicht der Wille, der uns nach Arendt zum Handeln bringt, auch wenn der Wille eine anstiftende und eine entscheidende Macht hat. Diese Macht bezieht sich allerdings nur auf das Selbst. Im Selbst ist der Wille gespalten in Einen, der befiehlt und Einen, der gehorcht. Die Spaltung führt zum Kampf (ÜB 115). Um uns zum Handeln zu bringen, muss der Wille allerdings entschieden Einer sein (ÜB 116).

Wenn uns auch nicht der Wille zum Handeln bringt, räumt Arendt dem Willen über die Willensfreiheit des »liberum arbitrium« dennoch eine gewisse Beteiligung am Urteilen ein: Der Wille ist das Vermögen, mit dem wir bestätigen oder verneinen können. »Und in dieser Hinsicht gibt es in der Tat ein Element des Wollens in allen Urteilen. Ich kann zu dem, was ist, ja oder nein sagen.«[136] Auch wenn das den Willen auf den ersten Blick zu einem politischen Vermögen macht, so sagt Arendt nicht mehr, als dass sich das Selbst beim Wollen

136 ÜB 165.

auf die gegebene Welt bezieht, die es bejahen oder verneinen kann, in der es jedoch keine (willentliche) Ursache ist.

Im Spätwerk führt die »Individualisierung durch den Willen« zu ernsten Schwierigkeiten für den Begriff der Freiheit. Der Einzelne will sich immer gegen die Anderen behaupten, wozu er sich von ihnen absetzen muss. Er rüttelt am Glauben an die Notwendigkeit und am Hinnehmen der Verhältnisse der Welt (LG 422).

Zusammenfassend lässt sich sagen, dass der selbstbezügliche Wille den Charakter des Selbst formt. Der Charakter ist das, was vom Selbst in der Welt erscheint und von den Anderen beurteilt werden kann. Dennoch ist der Wille keine Ursache in der Welt der Erscheinungen; mit dem Handeln hat das Wollen nicht das Mindeste zu tun.

Obwohl der Wille ein philosophischer Begriff ist, hat er vor dem Spätwerk keinen politischen Gegenbegriff. Im Spätwerk ist er wie alle geistigen Vermögen von nachrangiger Bedeutung.

Zuschauer

Den Begriff des Zuschauers verwendet Arendt erst ab den *Kant-Vorlesungen*. Obwohl Menschen sich handelnd und sprechend auf der Bühne der Welt offenbaren (VA 219), ist der Zuschauer in *Vita activa* ebenso wenig ein Thema wie in den *Moral-Vorlesungen*, in denen Arendt ausführlich über die Tätigkeit des Urteilens spricht. In den *Kant-Vorlesungen* geht es im Grunde auch nicht um die Zuschauer, sondern um »das Urteil«, das jedoch nichts Abschließendes ist: »Kant glaubt nicht, dass moralische Urteile das Ergebnis von Reflexion und Einbildungskraft sind, d. h., sie sind, strenggenommen, keine Urteile.«[137]

Das Urteil des Zuschauers ist ästhetisch (U 84); es ist »reine Meinungssache« (U 76). Der griechische Zuschauer erschaut und beurteilt (findet Wahrheit über) den Kosmos des besonderen Ereignisses in dessen eigenen Begriffen, ohne es zu irgendeinem umfassenden Prozess in Beziehung zu setzen. Er befasst sich mit dem Einzelereignis, der besonderen Tat, deren Bedeutung weder von Ursachen noch Folgen abhängt. Die einzelne, erzählbare Geschichte, einmal zu Ende gekommen, enthält die ganze Bedeutung (U 88 f.).

Nur der Zuschauer hat eine Position, die es ihm erlaubt, das Ganze zu sehen. Der Handelnde, als Teilnehmer des Schauspiels,

---

137 U 112 f.

muss eine Rolle spielen, er ist parteilich, wohingegen der Zuschauer unparteilich ist. Also ist der Rückzug aus der direkten Beteiligung (am Ganzen) auf einen Standpunkt außerhalb des Schauspiels eine conditio sine qua non allen Urteilens (U 87). Allein der Zuschauer hat eine Idee vom Ganzen (U 92).

Die conditio sine qua non für die Existenz schöner Gegenstände ist die Mitteilbarkeit. Das Urteil des Zuschauers schafft den Raum, ohne den solche Gegenstände gar nicht erscheinen können (U 99).

> »Der öffentliche Bereich wird durch die Kritiker und Zuschauer konstituiert, nicht durch die Akteure oder die schöpferisch Tätigen.[138] Und dieser Kritiker und Zuschauer befindet sich in jedem Akteur und Hersteller; ohne dieses kritische, urteilende Vermögen wäre der Handelnde oder Schaffende so losgelöst vom Zuschauer, dass er nicht einmal wahrgenommen würde. [...] Der Zuschauer ist nicht mit dem Akt, aber immer mit den Mit-Zuschauern verbunden. Er teilt nicht das Vermögen des Genies, Originalität, mit dem Schaffenden oder das Vermögen der Neuerung mit dem Akteur; aber das Vermögen, das ihnen allen gemeinsam ist, ist die Urteilskraft.«[139]

Im Spätwerk behandelt Arendt »den Rückzug des Urteils auf den Standpunkt des Zuschauers verfrüht und doch einigermaßen ausführlich«[140] im Kapitel »Denken und Handeln: der Zuschauer« (LG 97 ff.). Sie wiederholt, dass nur der Zuschauer und nie der Schauspieler wissen kann, was sich als Schauspiel darbietet (LG 97). Der von außen auf etwas blickende Zuschauer kann die »Wahrheit« dessen verstehen, worum es in dem Schauspiel geht, doch der Preis dafür ist der Verzicht auf die Teilnahme (LG 98). Nicht durch das Handeln, sondern durch die Betrachtung wird der Sinn des Ganzen gefunden. Der Zuschauer und nicht der Akteur hält den Schlüssel zum Sinn der menschlichen Angelegenheiten in der Hand (LG 101).[141]

In dem Kapitel geht es aber im Grunde um die »Unterscheidung zwischen Denken und Urteilen«[142] über die jeweiligen Orte des Vollzugs. Das Sich-Zurückziehen des Geistes (aus der Welt der Erschei-

---

138 Ebenso U 96: »Was also den zu diesem besonderen Ereignis gehörenden öffentlichen Bereich bildete, waren nicht die Akteure, sondern die Beifall spendenden Zuschauer.«
139 U 99.
140 LG 101.
141 Später heißt es: »[Die Zuschauer] sind es, die [den Sinn des Schauspiels] finden und die Aufführung beurteilen können« (LG 203).
142 LG 100.

nungen ins Alleinsein) ist die notwendige Bedingung aller Geistestätigkeiten. Der Rückzugsort des Urteils auf den Standpunkt des Zuschauers befindet sich (hingegen) in der gewöhnlichen Welt (LG 101 f.). Die Zuschauer sind zwar von der Partikularität des Akteurs distanziert, aber sie sind nicht allein (LG 99). »Die Distanz für das Urteil ist offenbar etwas ganz anderes als die Distanz des Philosophen. Sie tritt nicht aus der Erscheinungswelt heraus, sondern tritt vom aktiven Engagement in eine Sonderposition zurück, um das Ganze zu betrachten.«[143]

Es stellt sich die Frage, ob das Urteilen hier eine Geistestätigkeit ist oder nicht. Wenn der Rückzug aus der Welt der Erscheinungen das Kennzeichen aller Geistestätigkeiten ist, kann das Urteilen keine Geistestätigkeit sein, denn es verbleibt in der Welt, in der es sich lediglich vom Handeln distanziert. Arendt zählt die Urteilskraft aber eindeutig zu den grundlegenden geistigen Fähigkeiten (LG 75). Also kann man Denken und Urteilen nicht hinsichtlich der Rückzugsorte unterscheiden, zumindest nicht insofern, als dass sich der eine Rückzugsort innerhalb und der andere außerhalb der Welt der Erscheinungen befindet. Außerdem scheint Arendt die »Unterscheidung zwischen Denken und Urteilen« selbst zweifach in Frage zu stellen: Zum einen mit den beiden Nebenprodukten des Denkens, von denen eines die Urteilskraft ist (LG 192), zum anderen mit der Feststellung, dass das Denken das Selbst auf die Rolle des Zuschauers vorbereitet (LG 422). Hier sind beide Vollzugsorte des Denkens in der Welt, denn das Denken ist die Urteilskraft des Zuschauers und der Zuschauer ist als Selbst in der Welt.

An der Urteilskraft der Zuschauer, die die politischste der geistigen Fähigkeiten ist (LG 191), zeigt sich (gegen Arendt), dass sich Politisches nicht ohne Subjekte als Träger oder Vollzieher der Fähigkeit oder Tätigkeit darstellen lässt. Da der Vollzieher immer nur an einem Ort sein kann, muss er *zugleich* denken, urteilen und handeln können.

Zwischen

Politik wird bei Arendt üblicherweise mit Pluralität verbunden. Man könnte Politik aber auch über den Begriff des »Zwischen« definieren, denn: »Politik entsteht in dem *Zwischen-den*-Menschen, also durchaus *außerhalb des* Menschen. Es gibt daher keine eigentlich politische

---

143 LG 99.

Substanz. Politik entsteht im Zwischen und etabliert sich als der Bezug.«[144] Beim »*Zwischen-den*-Menschen« kommt es ihr nicht auf die *Menschen* an, sondern auf das *Zwischen*, denn der Raum zwischen den Menschen, der die Welt ist, kann zwar nicht ohne die Menschen bestehen, aber das besagt nicht, dass die Welt auf »den Menschen« zurückzuführen ist (WP 25). Will »der Mensch« die Welt erfassen, so wie sie »wirklich« ist, kann er das nur, indem er sie als etwas versteht, das Vielen gemeinsam ist, zwischen ihnen liegt, sie trennt und verbindet, sich jedem anders zeigt und daher nur in dem Maß verständlich wird, als Viele miteinander über die Welt reden und ihre Meinungen und Perspektiven miteinander und gegeneinander austauschen (WP 52).

Die politische Bedeutung des Zwischen als reine Bezüglichkeit, bei der es nicht auf den einzelnen Menschen als möglichen Bezugspunkt, sondern auf das In-Beziehung-sein an sich ankommt, wiederholt Arendt in *Vita activa*: Handeln ist die einzige Tätigkeit (in der Welt), die sich ohne Vermittlung von Materie, Material und Dingen direkt zwischen den Menschen abspielt (VA 17). Die Welt ist sowohl ein Gebilde von Menschenhand wie der Inbegriff aller nur zwischen Menschen sich abspielenden Angelegenheiten (VA 65 f.). Die Welt ist der Zwischenraum, in dem Menschen sich bewegen und ihren objektiv-weltlichen Interessen nachgehen. Handeln und Sprechen bewegen sich in dem Bereich, der zwischen den Menschen liegt (VA 224). Dieses Zwischen ist ungreifbar, denn Handeln und Sprechen sind Vorgänge, die keine greifbaren Resultate oder Endprodukte hinterlassen. Dennoch ist es wirklich und wird das Bezugsgewebe menschlicher Angelegenheiten genannt (VA 225). In diesem Bezugsgewebe vollzieht sich Handeln und Sprechen zwischen den Menschen (VA 234). Handeln und Sprechen etablieren ein räumliches Zwischen als Erscheinungsraum im weitesten Sinne (VA 250).

Das Zwischen erfordert Pluralität. Die philosophischen Gegenbegriffe sind deshalb das Absolute und das Autonome, die ein Zwischen oder Bezüge unmöglich machen.

---

[144] WP 11.